# 中国文化小通史 清

王春瑜 主编
卢经 刘菊素 著

海峡出版发行集团
福建人民出版社

**图书在版编目（CIP）数据**

中国文化小通史．清 / 卢经，刘菊素著．--2版--福州：福建人民出版社，2020.10

ISBN 978-7-211-08262-9

Ⅰ.①中…　Ⅱ.①卢…　②刘…　Ⅲ.①文化史—中国—清代—通俗读物　Ⅳ.①K203—49

中国版本图书馆 CIP 数据核字（2019）第 287524 号

**中国文化小通史·清**

ZHONGGUO WENHUA XIAOTONGSHI · QING

---

**主　　编：** 王春瑜<br>
**作　　者：** 卢　经　刘菊素<br>
**责任编辑：** 韩腾飞<br>
**出版发行：** 福建人民出版社　　**电　　话：** 0591-87533169(发行部)<br>
**地　　址：** 福州市东水路 76 号　　**邮　　编：** 350001<br>
**网　　址：** http://www.fjpph.com<br>
**电子邮箱：** fjpph7211@126.com<br>
**经　　销：** 福建新华发行（集团）有限责任公司<br>
**印　　刷：** 福州德安彩色印刷有限公司<br>
**地　　址：** 福州市金山浦上工业区 B 区 42 幢<br>
**开　　本：** 787 毫米×1092 毫米　1/32<br>
**字　　数：** 99 千字<br>
**印　　张：** 5.375<br>
**版　　次：** 2020 年 10 月第 1 版　2020 年 10 月第 1 次印刷<br>
**书　　号：** ISBN 978-7-211-08262-9<br>
**定　　价：** 18.00 元

---

# 目　录

# 第一章　农　业

## 一、清初的农业问题和采取的措施

1644年，满族贵族入主中原定都北京，他们面临的是一个满目疮痍的世界。中国境内各种不同性质的战争延续了半个多世纪，天灾、人祸，加上圈地、投充、逃人、剃发、禁海、迁界一系列倒行逆施，迫使人民四处逃亡，社会生产力遭到严重破坏。清廷在财政上陷入极端困难的境地，顺治一朝，大部分年度均处于“入不敷出”的状况。

### 1. 统治政策的转变

康熙亲政后，努力调整由于战争所造成的满汉间的严重对抗，他深知按照汉族地区原来的生产方式和生活方式恢复和发展生产，是消除对抗、解决经济问题的关键；他深知入关前后一段时期，对汉民所实施的“圈地与计丁受田”政策是严重侵犯汉民族利益的一大弊政，于康熙八年（1669 年）下令：“自后圈占民间房地，永行停止。其今年所已圈者，悉令给还民间。”由于旗地上租佃关系的逐渐发展，维护农奴制的逃人法和追捕逃人的督捕衙门，也失去了存在的必要性。康熙帝逐渐放宽对逃人的禁令并最终裁撤督捕衙门。统一台湾后，又及时解除迁海令。此外他还采取了一系列与民休息的政策，使广大汉族地区的居民有一个休养生息的机会，以恢复和发展社会生产。

### 2. 清初对土地的利用与开发

清廷推行招民垦荒的政策，从顺治元年（1644 年）八月根据山东巡抚方大猷的提请，同意将“州县所荒地无主者，分给流民及官兵屯种，有主者令原主开垦”，对开垦荒地的不同情况放宽起科年限，3 年、5 年、6 年起科不等，并向垦荒农民提供牛只和农具、种子。在具体方法上，推行兴屯开垦和鼓励地主开垦。到康熙后期，清代的田土数额，已经达到和超过明万历初年的水平。据雍正二年（1724 年）的统计，全国账籍上开垦的土地数字达到 6 837 914顷，比顺治末增加了 134 万顷。通过垦荒，很多衣食无着的农民获得了土地，变成自耕农，一部分官僚和地主乡绅从垦荒中得到好处，使部分垦民重新沦为佃农，促进了农民和中小地主所有制的发展，有利于社会经济的恢复和发展。清廷的财政收入明显增多，使清朝的统治进一步得到加强。

对废藩的荒田，实行“更名田”。这些土地原为前明“藩封之产”，因战乱荒芜，或被他人所占有。清廷对此先实施“变价”归民，后又实施免其易价归民，使更名田土达 17.5 万余顷，使赋税增加，对恢复生产、巩固封建秩序起到了积极的作用。

边疆地区的土地开发，主要以军屯为主。康熙中期开始，为防沙俄入侵，加强边防部署，命令前线的八旗及汉军官兵就地屯田耕种，以后不断发展。乾隆年间，黑龙江流域逐渐成为我国重要的农业区。西北新疆地区的屯田，乾隆初期，规定每名士兵垦田 25 亩，凡兵 2500 人，以三分屯垦，二分驻守。自清军平定准噶尔部叛乱后，版图扩展，军队的驻防与屯田相结合，清政府命令军队于天山北路拓展，在鲁克察克、吐鲁番、乌鲁木齐、托克逊、哈喇沙尔等大兴垦殖。其后屯田又拓展至伊犁及天山南路的叶尔羌、喀什噶尔、阿克苏等地，至乾隆四十年（1775 年）新疆垦田数达 10 万余亩。除此之外，清政府还在新疆各地募民垦殖，设立回屯、户屯、遣屯等。

清初的垦荒，从“更名田”政策的实施，到边疆的屯田，为稳定清政府的统治、恢复经济发挥了重要作用。雍乾时期，在调整和落实奖励垦荒政策的同时，有效地推进了土地开垦的发展，垦田数量继续增加，特别是中原和东南沿海传统农业区域内，耕地面积的增加十分显著。江西南昌13县，雍正十一年（1733年）开垦田地1500余顷；湖北武昌、归州等府州，雍正十二年（1734年）开垦田地就达4100多顷。四川的土地开垦成绩尤著，雍正七年（1729年）政府在四川实行勘丈，旧册载上中下田地共23万顷，此次丈得45万余顷，增加近一倍。雍乾年间，四川也同湖广一样成为重要的产粮地。

### 3. 治河和水利

明清之际连年战乱，造成水道失修，水患日益加重，顺治朝黄河决口年年不停，康熙初年更有增无减。至康熙十五年（1676年）共决口69次。下游沿河州县“悉受水患”，黄淮二水倒灌，涌入运道，使运河的正常航行受到威胁。康熙亲政后，便把河务、漕运与解决三藩，列为他必须办的3件大事。他先后5次南巡江淮“视察河工”，并派安徽巡抚靳辅为河道总督。靳辅恪尽职守，调查研究，创造了许多科学的方法，为清代黄河的治理制定了不少规制，后来成为清代治理黄河的成法，发挥了巨大的作用。康熙四十四年（1705年），康熙第4次南巡，视察河工，他看到黄淮两河“俱已安流”，运河较前“深通，重运无阻”，深感欣慰。

修治永定河也是清初一项历时较长、规模较大的工程。康熙三十一年（1692年），康熙谕令直隶巡抚郭世隆勘察修治，在此后的30余年里，康熙帝亲自奔波于各州县，测量河面，探究淤沙，询问百姓，征求兴筑之法，定出治理永定河的基本方案。康熙三十七年（1698 年）四月，直隶巡抚于成龙按此方案，疏筑兼施，开挖了自良乡、霸州，直达西沽海口的河道 144 里。又沿河南北筑堤 180 余里，使河道改向东北，与南邻的大清河水系隔开，新河工成，康熙赐名“永定”。此后又续修新河道，加筑重堤，并于河两岸置南北分司，增设同知，承领河兵，负责岁修抢修，从此永定决口泛滥次数减少。康熙末年，自霸州“苑家口以下，向年永定河冲决之处，今百姓皆筑舍居住，斥卤变为膏腴”。

康熙年间除治理黄河和修治永定河工程外，治理太湖，疏浚三江，兴修海塘、两湖、赣北的筑堤拦，对防护和增加可垦的农田，都起到了促进作用，特别是江浙海滨为捍御咸潮而陆续修建的海塘。清初，漫长的千里海塘“被水冲啮，基址尽坏”，风潮大发不但毁坏农田，而且直接威胁人民的生命财产，大运河也有被切断的危险。康熙五十七年（1718 年）首次治理，用银 15 万两，在海宁县筑成石塘 450 余丈，坦水 3000 余丈，土塘 5000 余丈，又浚备塘河 7000 余丈，建闸 1 座。雍正三年（1725 年）又修建浙江及苏松等处海塘工程，至雍正八年（1730 年），筑成海塘近万丈。乾隆年间全线改筑江浙海塘，又称鱼鳞石塘，历时数十年完成，抵御海潮的能力大大加强。

### 4. 整顿赋役制度与摊丁入地

清初沿袭明制，以田赋、丁役作为国家财政的主要收入，为使课办赋役有据，顺治四十四年（1687 年）颁布第一个《赋役全书》。全书载列了地丁原额、荒亡、实征、起运、存留等数额。三藩战争结束后，由于人丁数、田土额的变化，清廷再次重修《赋役全书》，后编成《简明赋役全书》，使其“简而明，百姓易晓”。为防止地方官与绅衿勾结包揽赋税，又设立滚单制的办法来征赋税，即实际上用里甲连坐制的办法来保证赋税足额，同时减轻纳税者的负担。

康熙五十一年（1712 年），清廷发布诏谕“凡征收办粮，但据五十年丁册为常额”，“其自后所生人丁，不必征收钱粮”。这就是滋生人丁，永不加赋，解决了人丁奏报与实际人口严重脱节的状况，为“摊丁入地”的推行打下了基础。康熙五十三年（1714 年），御史董之燧提出“统计丁银，按田均派”。雍正年间在全国范围内开展摊丁入地运动，即将丁银均摊于地粮（银）之内，雍正二年（1724 年）直隶首开先例，至乾隆初年，除山西外，全部完成。摊丁入地之法是由明代一条鞭法开始的赋税改革运动的继续和发展，它将丁税合并到田赋之中，将赋税定额化、简单化、划一化，改变了丁税的课税额体，将税种和税则合并，税收变为单一的七地税。它的实施标志着人丁编审制度和劳役制的终结，清王朝理顺了国家财政体系与经济基础中的“地主——佃农”结构之间的关系，它既照顾到广大少田和无田民众的利益，又保障了封建王朝的财政收入来源，为清王朝封建经济的发展创造了条件。

## 二、清代农业经济的变化与发展

清初统治政策的转变，荒地的复垦和屯田，兴修水利，整顿赋役制度，对清初农业生产的恢复与发展起到了积极作用。乾隆后期和嘉道两朝，农业生产力的发展主要表现在高产农作物的推广及集约化耕作方面。

### 1. 高产农作物的推广

水稻的种植在中国已有几千年的历史，由于其生长对自然环境的要求，所以它的种植一般局限于长江以南地区。清代，水稻栽培渡过淮河，被引种到北方，并在水利和土壤条件较好的地方得到迅速的推广。康熙皇帝很早就在北京的玉泉山专辟御田，试种南方引进的水稻成功。雍正年间，又于京畿一带进行营田，兴修水利，整建稻田。由此，华北地区开始了较大面积的稻田作业。东北的水稻种植主要在辽沈地区，这里土壤肥沃、水源丰富，气温相对较高，随中原农民向关外的迁移，辽河流域逐渐出现了一些水稻种植区。清末，水稻已成为辽南地区重要的农作物品种。在素以干旱著称的西北，清代也出现了水稻的种植，特别是新疆的南部地区，自乾隆二十年（1755 年）以后，就有种植水稻的记录。

玉米作为一种高产农作物，在清代，种植面积不断扩大。因耐旱抗涝而且高产的特点，其比较适合在山区和半山区大规模种植。清代玉米种植的推广速度极快，“川、陕、两湖凡山田皆种之”，各地流迁的农民将玉米的种植技术带到这里，以后玉米的种植逐渐由山区向平原扩展，在土地相对贫瘠、干旱少雨的地方尤其受欢迎。边疆地区，如新疆、云南、贵州等地，清代种植玉米的州县就为数不少，成为这些地区主要的农作物品种。

番薯原产于东南亚地区，明中叶后传入中国，清代从福建、广东向全国推广，得到从中央到地方各级政府的大力支持和重视。乾隆五十年（1785 年），河南遭到大面积旱灾，粮食歉产。乾隆帝谕令河南广种番薯以救荒，“闽省地方，向产番薯一种，可充民食，民间种者甚多。番薯既可充食，又能耐旱，若以之播种豫省，接济民食，亦属备荒之一法”。遂令闽浙总督富勒浑将如何栽种之法开明，由驿递送交河南巡抚毕沅。此后，乾隆帝将此举推向全国，令各地仿照河南、江苏、浙江之例，力劝民间广种番薯。到 18 世纪末，番薯的种植遍布南方各省山区。

### 2. 集约化的耕作

清代的农业生产工具，与明代变化不大，耕作技术也基本沿用明代以来的一套技术，但集约化耕作方法普遍推广。首先表现在精耕细作上，对一般农田要进行春耕和秋耕，在选种、播种和治肥、施肥等各个生产环节，都十分考究。在施肥上不但人畜之粪与灶灰泥脚可入肥，其他草秸、豆滓饼以及养猪积肥等，都得到普遍的运用。为提高肥效，在施肥时对不同的农作物、土壤，以不同的季节、气候等施用不同的肥料。集约化耕作的另一表现是轮作复种制和套种间作制的推广。在东北地区，大豆、高粱、谷子轮作，小麦与大豆轮作。长江以北地区一年两熟制向湖南、江西推广，江南地区则发展一年三熟制。集约化的耕作使农作物的单位面积产量有所提高，到乾隆、嘉庆年间，一般田地亩产二至三石，少数上等好地可达五至六石。

### 3. 商业性农业的发展

商业性农业主要为粮食的商品化和各种经济作物的种植。

经济作物中，棉花的种植在鸦片战争前有很大发展，东北也开始植棉，原主产棉区江苏、山东、河南的产量不断提高，直隶、湖北、陕西、安徽、湖南、浙江、四川等省产棉也不少，有的地方还出现棉田排挤粮田的情况。植棉一直都是一种商品生产，到 1840 年全国棉产量为 970.7 万担,其中商品棉占 255.5 万担，为总产量的 1/4。

鸦片战争前，丝织业已基本上与制丝业分离，但养蚕业还是农家副业，桑蚕的养殖主要集中在江浙两省，广东珠江三角洲地区桑蚕的生产和发展，则受外贸出口刺激。乾隆二十二年（1757 年）清廷限制广州一口通商，各地生丝都经由广州出口，乾嘉年间珠江三角洲地区的养蚕业发展，出现了桑叶商品化的趋势。桑叶、蚕丝商品化的条件下，养蚕业也发生了社会分工。道光时期，江苏太湖一带蚕农有专门出售、购买三眠蚕的，这种蚕对温度、湿度和养蚕技术要求较低，虽然这种社会分工基于生产技术的发展和商品生产的需要，但比由地理环境决定的分工，具有更大意义。

烟草于明代传入我国，最初在福建种植。清代烟草的种植扩展加快，吸烟者日渐增多。乾嘉之际，山东的青州府和兖州府都是著名的产烟区。陕西汉中府产的烟，经汉水运湖北。嘉庆时“郡城商贾所集，烟铺十居其三四”。湖南的衡烟则多由山西人经营，九堂十三号大商，每堂资本出入年 10 余万金。四川、甘肃、云南等省，嘉庆以后也成为重要烟草产地。

甘蔗，明代产区集中于福建、广东，清代台湾、四川都发展成为较大产区。乾隆时，台湾的蔗田已有 30.1 万亩，约为稻田的一半。广东有蔗田 30 万亩，全国约有蔗田 150 万亩。

我国是茶的原产地。鸦片战争前，茶叶是我国第一位的出口商品。全国当时有茶园520万亩，年产茶叶2605万担，全部为商品生产，在国内市场上，茶叶商品值仅次于粮食、棉布和盐。

经济作物的大量种植，一方面提高了农民收入，另一方面使有些农民成为种植经济作物的专业户，他们要在市场上购买口粮；而城市经济的发展造成的非农业人口的增长，促进了粮食生产的商品化和粮食的长途运销。鸦片战争前，全国粮产量约为2320亿斤，商品粮245亿斤。其中进入长途运销的有54亿斤，约占粮食总商品量的20%。随粮食商品化的发展，出现了湖北、湖南两个最大的商品粮产地和10多条粮食运输的路线，除漕粮北运的特殊原因外，其他地区的粮食都是由产粮区向经济作物集中产区和工商业发达地区输送粮食。

## 三、清末农业生产的情况和资本主义因素的增长

### 1. 农业生产的基本状况和清廷的农业政策及措施

清末光宣时期的农业生产，在经历了各族人民大起义失败后的很长时期内，尤其是中日甲午战争和八国联军侵华后，民族灾难空前深重，国力日衰，亡国亡种之危日见逼近，农业生产始终未能恢复，无论其基础设施、生产工

具和耕作技术，还是经营规模、土地产量和劳动生产率，都没有出现突破性的发展和变化。相反，不少地区出现了日见衰落的趋势。这时农业生产的基本状况是：落后的生产工具和技术，狭小的经营规模和零散破碎的地块分割耕种，以种植业为主的单一结构发展的趋势，不断扩大和频发自然灾荒，呈现出农政废弛、农业衰败的形势。朝野有识之士发出振兴农业、收回利权、挽救民族的呼声，提出了兴农主张，认为振兴农业是摆脱民族危机、改变中国落后面貌的根本途径。清廷也在农业发展方面采取了若干措施：首先取消有关官田旗地自由买卖的禁令，加速官田旗地向民地转化的进程，光绪三十三年（1907 年）采纳了度支部的奏议，旗地买卖真正开禁。在清廷准许旗地、官田自由买卖的同时，也放宽了官荒、旗荒开垦过程中地权归属的限制。官田、旗地在全国土地中的比重不断下降。16 世纪末，官公地和私有地大约各占一半。清末，官田、旗地的比重进一步下降，以黑龙江为例，原几乎全为旗地，而此时 95％的土地成为私有地。其次，是实施放荒招垦政策，逐渐放宽部分地区招垦的限制。放垦热河、奉天、察哈尔一带围场、马厂和牧厂的荒地，对东北吉林、黑龙江和内外蒙古各旗荒地，全部放垦，并在光绪初年废除了对台湾和浙江沿海某些岛屿的禁垦条例，实施“听民耕作”的政策，鼓励移民开垦，加速对这些地区土地的开发和利用。再者，采取若干推广农业技术的措施，介绍和传播外国农业科学知识，开办农业教育，创设农业试验场，推广某些农业技术，引进和推广某些国外优良品种，倡导经济作物的种植。

光绪二十三年（1897 年），光绪帝谕令兴农学，命各学堂翻译农学书籍。第二年谕令各省设“农务局”，掌督农务事宜。同年，我国第一份农学期刊《农学报》在上海创刊，该刊先后发表农学译文 1151 篇，其编辑出版的“农学丛书” 100 多种，介绍了国外尤其是日本的农业知识和农作物种植技术。光绪二十六年（1900 年）起，大批选送公费留学生，大部分派往日本，短短几年，中国留学生增至近 2 万人，其中不少人专攻农学，后来在农业科学方面做出了巨大贡献。

开办农学堂和农事试验场，是清廷培养农业技术人才、推广农业技术的一项重大措施。光绪二十四年（1898 年），张之洞在湖北创办农务学堂，这是最早的农业学堂。宣统元年（1909 年），全国共有高等农业学堂 5 所，中等农业学堂 31 所，初等农业学堂 75 所，合计 111 所。农事试验场是为学生实习和进行品种改良试验的基地。光绪二十八年（1902 年）直隶农事试验场首先开办，宣统三年（1911 年），仅四川一省就有农业试验场 74 处，全国约有 20 余处规模较大的农事试验场。这些试验场在农学堂的指导下，调查土壤，搜集、引进和培育良种，进行农作物栽培和动物饲养试验，还进行多种农产品的加工实验，在推广农业技术方面取得了初步成绩。如引进桑蚕、美棉进行推广，引进洋种花生、日本桑秧、法国甜菜、美国豆类、洋种葡萄、苹果、生菜、芽菜、洋葱等，丰富了农作物的种类。

### 2. 农业发展的不平衡

咸丰元年（1851 年）到同治十三年（1874 年）持续 20 余年的全国农民起义，使长江流域和黄河流域大部分地区的农业生产遭受严重破坏，人口流失，土地荒芜。江苏全省截至光绪二十年（1894 年）秋勘止，荒田尚占“十分中之二三”。战争使不少山林被毁，水土流失严重，过去林木葱葱的许多地区，光宣时期无不“童山濯濯”，西北各地“大都赤地”，农业生产条件愈来愈恶劣。农民的生产积极性、生产能力和对自然灾害的抵御能力衰减，导致土地单产和农业收成不断下降。鸦片战争以前的 19 世纪 30 年代，各地夏秋两季收成大多为六七成以上，到清末光绪二十年后，多数只有五成，整个农业在传统农业区呈现普遍的衰退。

在新垦区，主要是新疆、内蒙古、东北地区和台湾等地，由于清廷的放垦措施，土地开发加速，农业生产有明显的发展。

鸦片战争后，尤其是光宣时期，由于城乡商品经济和商业流通的发展，边疆少数民族与内地汉族的交往频繁，少数民族间交往亦增多，农业生产有所发展。地处云贵深山中的少数民族从“刀耕火种”的轮歇耕作农业，向锄耕缓慢过渡；川西藏族、彝族，青海土族，湖南苗族，广西壮族和海南黎族从锄耕旱地的粗放型农业向犁耕农业发展；南方河谷平原及丘陵的少数民族的犁耕水田的集约型农业也有所发展。他们学习和借鉴汉族地区的生产技术，改进生产工具，引进良种，改变耕作方法，使农业生产缓慢发展。

光绪时期，随着部分农产品出口的急剧增长和全国经济的半殖民地化，经济作物的种植和发展进入了一个新的发展阶段。这一时期，种植持续扩大的经济作物主要有蚕桑、茶叶、棉花、甘蔗、烟草和花生，大豆、芝麻的产量也不断增加。

总之，光宣时期整个农业生产的发展处于不均衡态势，老垦区局部恢复但普遍衰退，新垦区有所发展，少数民族地区缓慢改变，部分地区经济作物种植面积扩大，进入商品市场的农产品量增大。

### 3. 农村自然经济解体加速资本主义因素增长

帝国主义的经济攫取不断加强，不平等的进出口贸易增加，中国市场被迫对外开放，城市资本主义工业初步发展，农村自然经济解体加速。随着部分地区经济作物种植的推广，农产品商品化的程度有所提高，农民的两极分化加剧。光宣之交，清廷推行新政，鼓励地主、商人投资农业，这样就为农业中资本主义因素的增长提供了某些条件。

清代相当长的时期内，中国出口的土货基本上以茶、丝和丝织品为主，到光宣之交除此之外的农产品如棉花、大豆、花生、芝麻、桐油、麻类、禽蛋和牛羊皮的出口大增。这些农产品的出口数量增加、农产品的商品化，为城市的新式工业提供了先决条件，由此而兴起的机器纺织、面粉加工、榨油、卷烟等工业提高了农产品的附加值，使农作物，特别是经济作物的商品化的程度提高，生产者种植的大部分产品直接投放市场，自己消费的数量减少。

近代工业和新的城镇的兴起又促进了粮食的商品化。经济作物种植面积扩大，粮田减少，导致粮食短缺和粮价上涨，刺激了另一些地区粮食商品化的发展，形成了一些重要的商品粮基地。铁路的修筑和运营，改善了农产品的运输条件，扩大了农产品的销售范围，促进了农产品和经济作物商品化的发展。

光宣时期，由于长期的战争破坏，封建政权的赋税征敛、地主商人的盘剥、外国入侵者的经济掠夺，加速了自耕农和佃农的贫困化，不少农民破产。商业性农业和城乡商品经济的发展，使农民的贫富分化加剧，一些农民相继失去土地和生活条件，被迫当佣工为生，或出卖劳动力作为生活补充，结果农业雇佣劳动者队伍日益扩大。虽然封建性的农业雇佣劳动仍然占有相当比重，但自由雇佣劳动的发展，是一个不可忽视的事实。正是这种自由雇佣劳动，构成了当时农业资本主义的一个历史前提。

农业资本主义因素最集中的表现，主要反映在农业经营方式上，即经营地主、富农经济和农牧垦殖公司等。鸦片战争前，经营地主出现。鸦片战争后，城乡商品经济加速发展，资本主义新式工业兴起，农村自然经济走向逐渐解体，加上清末朝廷实施的放垦荒地的政策，加速了经营性地主的发展。如浙江杭州陈某，招工开垦城东至钱塘江一带的荒地，“分别地势高下，栽种果蔬、杂粮、桑麻、木棉之属”。光绪二十八年（1902 年）北京南苑皇家苑囿放垦后，一些清宫太监、官吏以及地主、商人纷纷圈地认垦，雇佣河北、山东的贫苦农民耕种经营。东北放垦过程中产生的经营性地主最多。富农经济的滋长，同商业性农业的发展有更为密切的关系。富农大多是由中小自耕农发展而来，雇工进行耕种，有的自耕，而佃耕富农的资本主义色彩更浓一些，多以经营种植经济作物为主。农牧垦殖公司，通称农垦公司或农牧公司，形式上接近于新式资本主义企业。20 世纪初，张謇创办了通海垦牧公司。光绪二十七年（1901 年），张謇因其开办的大生纱厂投产已两年，“根基渐渐稳固”，于是把眼光转向农垦，创立通海垦牧公司，低价领得吕四一带沿海滩地 12 万亩，集资 30 万，开始垦种。各地区特别是苏南地区纷纷仿效，从光绪二十七年至宣统三年（1901—1911）各省共创办垦牧和树艺公司 121 家，但资本额都较小，有的不久即倒闭。

经营地主、富农经济和农牧垦殖公司的发生发展，是农村自然经济解体加速和资本主义因素微弱增长的显著标志，有其进步作用。但由于在全国农业生产中所占比重极小，力量极其微弱，生存于帝国主义和封建主义的夹缝中，使其带有浓厚的封建性，或不断向出租地主蜕变，根本不可能顺利发展。

# 第二章　商　业

清承明制，基本政策仍是重农抑商，但统治者出于社会经济发展的需要，对商人和商业十分重视，首先采取了一系列扶商恤商的方针政策，对清初经济的恢复和清代商品经济的发展起到了十分重要的作用，使清代小农经济中的商品经济成分增强，自然经济成分受到削弱；其次，明中后期出现的资本主义生产方式萌芽，在社会中留下了深远的影响；再者，国际资本主义发展迅速，对清末社会经济形成冲击。

## 一、封建社会末期的商业

### 1. 商业政策与制度

清初，恢复和发展社会经济是当务之急，“通商裕国”的思想被清朝统治者所接受，成为清廷重视商业的客观因素。其次为收拾人心、标榜仁政，曾做出一些恤商的政策和措施，如废除“和买”、革罢加增税额等等。当时国家征战未息，财政亏绌，这些政策和措施难以兑现。平定三藩以后，这些政策和措施才得以逐步施行。

三藩战争期间，清廷为应付庞大的军费开支，先后增加了盐课房田税契、牙行杂税等有关销售流通领域的摊派，曾许诺“事平之日，自有裁酌”。康熙二十二年（1683年）十一月同意宣布减征“新增课额”，后来又申明从“康熙十三年以后加增各项税银，查明豁免”，特命减两淮盐课税银20万两，又减浙江盐课加增银3万余两，再革两淮浮费数十万两，并勒石永禁。

康熙帝施行恤商政策的另一项内容为：严禁榷关官吏滥派私征。清初，国家为增加收入，严定考成条例，各关官吏亦以增税为功，巧立关卡，额外需索，故有“今日之商贾不苦于关，而苦于关外之关；不苦于税，而苦于税外之税”的说法。康熙十八年（1679年）颁发恩诏，“各关差将不应纳税之物额外加征，差役四出，把守关隘，扰害商民，该部严行查禁，一经发觉，从重治罪”，对所设市私税进行清理，让各关“遵定例征收（税银）不许苦累商民”；对于着意违犯规例，或苛剥商人的官员，查察严究。康熙二十六年（1687年）二月，浒墅关监督桑额在任期内于正额税银外，多收溢银2万余两，被康熙帝以“扰害商民”之罪，令有关衙门“严加议处”，以示警诫。

顺治年间，一些满洲王公大臣各官，常仗势“霸占行市，恣行垄断”，甚或“强占关津要地，不容商民贸易”，清廷虽屡行禁止，但收效甚微。清廷为抑制利用特权垄断行市，康熙六年（1667 年）规定：“王公以下文武各官家人，强占关津不容商贾贸易者，在原犯之地枷号三个月，系民责四十板，旗人鞭一百。其纵容家人之藩王罚银一万两，公罚银一千两，俱将管理家务官革职。将军督抚以下文武各官俱革职”。这是清廷为抑制利用特权垄断行市所制定的最严厉的处罚条例。

清康熙时期，是有清一代重要的时期，康熙帝在任的60余年时间内主要精力用于恢复和发展经济，他从“惠恤商民，以裕国课”，清醒地认识到商业对社会经济的恢复和发展有着极为重要的作用。对“通财货之血脉者，惟有商贾”的观点十分赞许，认为只有恤商、利商，才能便民。他肯定了“商民为四民之一”，确立了商人在社会上应有的位置。康熙时期，商业经济恢复与发展十分迅速。康熙中晚期，包括盐课、榷关及某些杂税项目，每年约有300万两到400万两的收入，尽管它不及地丁钱粮的五分之一，但在绝对数量上是十分可观的。康熙中以后，地丁赋额已相对固定，而盐课、榷关等项税收却因销售量的加大而不断增加。这对于一个严格遵循量入为出财政原则的政府来说，获取商税便显出它的意义了。

雍正时期是上述商业政策的巩固期。雍正皇帝虽然把商人视为贱民，置于四民之末，谓“四民以士为长，农次之，工商其下”。他还指责广东一些地方过多地种植经济作物，但他十分重视商业经济的功能。实际上，他实施的政策仍以“通商裕国”为主导，并进一步指出“借贸易之盈余，佐耕耘之不足”，在这一思想指导下，一方面将农业视为长治久安的根本，另一方面却又为商业的发展提供方便。雍正五年（1727 年），他废康熙五十六年（1717 年）颁布的禁止南洋贸易令。并对官商皇商实行优恤政策，生时赐予官爵，死后入乡贤祠。

乾隆年间进入商业高度发展繁荣的时期，乾隆帝对商业十分重视。乾隆初年（1736 年）重颁康熙初年刊刻的关税条例，并禁额外需索、私设口岸等陋规。乾隆帝公开承认商人的社会地位“商贾阜通货贿亦未尝无益于人”。对于有功于清廷的大商人，清统治者采取资助的办法使其渡过难关。曾称雄于商界的范氏家族在进入乾隆时期后开始走向衰败，资金周转十分困难，为挽救其所经营的铜盐重务，清廷仍数次借给其资金，虽然没能阻止其每况愈下，最后因“拖欠官项累累”被查抄破产，但反映了统治者对商业的积极态度。

嘉庆和道光前期，国家财政虽每况愈下，但由于封建统治的衰微，对社会经济某些方面的控制有所削弱，商业仍在雍乾盛世的基础上继续发展。

### 2. 牙行组织及钱币制度

“牙人”通称“经纪”“牙侩”等，它并非在清代才出现，但它在清代商业活动中起十分重要的作用，体现出清政府商业管理政策的特点。牙人或牙行在商品交易中起“平准物价”的作用，为买卖之间的桥梁和中介。清代对“牙行”实施严格的管理，通过牙行控制市场行情和交易，在商品交易中，官方通过牙行埠头稽查商人货物，牙行替官府监督商人交纳税银。牙行有官牙与私牙，清代“私牙”即私设牙行与“官牙”“官方牙行”并存。为了保护“官牙”并通过其控制商人商业及市场，康熙四十八年（1709年）下令将“一切私设牙行尽数革除”并在清代律令中明文规定，约束牙行牙人的不法行为，并对发放牙帖进行整顿。这些做法一直延续到乾隆年间。清中叶商业经济明显发展，牙行已不能满足需要，而清廷仍“例禁甚严”，牙行不足的矛盾显露出来。道光十四年（1834年）清政府下令开禁，准许在“原无额设斗秤之处，自应酌设牙行”，使牙行增多。“增设牙行”相继出现，对封建社会的商业活动起到了推动作用。

清代在商品交换过程中以白银为主币。虽然清初也发行过纸币，但不久即作罢。清代银钱的比价经常变动，但有一个规定的基本标准，即银1两合钱1000文的比价。这一比价以后成为银钱比价的标准。如在1000文以上，谓银贵钱贱，1000 文以下，称为银贱钱贵。乾隆朝以前，钱贵银贱为主，嘉道后银贵钱贱为主。嘉庆末年至道光年间，鸦片大量输入，导致白银大量外流，每两银可易钱两千文。物价高则货币价低，物价低则货币价高，而清代物价与传统自然经济社会相同，物价与钱价关系中多了一个谷（帛）的关系，因为要通过卖谷（帛）得到钱，再用钱去买百物，钱贵谷贱、谷贱伤农；钱贱谷贵，谷贵伤民。谷有通货的性质。清乾隆年间，米价、物价、银价、钱价问题困扰着统治者。传统观念中钱贵谷贱百物贵，钱贱谷贵百物贱的观点被银钱数攀比上升，银钱价俱贱，米价、物价俱贵的现实所取代，封建自然经济中以粮食为中价的自产自销的简单商品交换，已经变为在市场网络中由商人操作的大规模的商品流通。粮食不再具有通货的性质，商品流通中，法定货币白银和制钱具有举足轻重的地位。米价、物价的不断攀升，除人口增长的因素外，实际反映出生产关系与生产力之间的发展不相适应。但清统治者解决通货膨胀的方法只能是——物价由官方定价，直接调拨物资特别是谷米，以平抑物价、米价，强行禁止商人囤积居奇，强行促进商品流转，利用当铺调节银钱比价及流通等。这些措施只能一时一地暂时发挥作用，不可能真正解决问题。清后期钱愈贱，物价继续上扬，加之帝国主义的侵略，不平等的对外贸易，白银大量外流，洋货大量涌进，自给自足的家庭手工业遭到破坏，人民消费方式亦有所改变。人民以粟易钱，以钱易银，以银纳税，购买衣食商品（洋货）等，损失7/10。民贫国亦贫。

清代社会的主要金融机构是钱庄、票号、当铺等。当铺和票号在清末银行未出现以前，发挥着调节银钱、粮比价，疏通金融流通渠道及社会救济的某些职能，清代当铺遍及全国，康熙初年已有大小当铺2万余家，乾隆初年，京城内外官民大小当铺共7600余家。票号始于道光初年，道光末年票号发展到11家，其分号遍布北京、天津、西安等全国21个城市，清末票号发展到28家，分号总计358处，遍布全国80多个城市和海外等。票号的兴盛是商品经济发展的结果，它又促进了商品交换的进一步扩大。

### 3. 商帮的兴起与封建社会商品经济的发展

商业经济的繁盛虽含有多种因素，但根本的原因是商人活动的结果，从事商业活动的商人，大致分行商、坐商两种，有些地区以商人多而著称于世。清代随着商业的发达，商人队伍的壮大，商业竞争的激烈，操纵地区行业贸易的商人团体——商帮有了很大的发展。商帮是以地域为中心，以宗族血缘、地缘乡谊为纽带，以相亲相助为宗旨，以会馆、公所为在异地联络计议之所的一种自发形成的商人群体。商帮的出现，标志着我国封建商品经济发展到了最后阶段。

清代商帮有山东帮、山西帮、陕西帮、洞庭帮、江右帮、宁波帮、龙游帮、福建帮、广东帮、徽州帮共 10 大商帮，以富甲一方的徽州商帮和汇通天下的晋商帮最为有名。

自明中叶到清中叶，其间除明末清初由于战乱一度沉寂外，徽商保持了三四百年的鼎盛辉煌时期，几执商界之牛耳。从商人数之多，徽州府属歙县、黟县、祁门县、婺源县、休宁县、绩溪县等“逐末者”，占当地人口十之七八。清代乾隆中叶，徽人经商达到高潮，其人数之多空前绝后，徽州被称为“商贾之乡”。其经商范围广，足迹几遍宇内，徽人黄汴所著《天下水陆路程》和憺漪子所辑《天下路程图引》两部商业用书中，所记载的从徽州为起讫的内地水陆路线达 243 条，以边远省份和边疆为终点的路程多达 18 条，足迹远至日本、暹罗和东南亚各国及葡萄牙。清代的徽商作为一个大商帮，不仅从商人数众多、运营范围广而驰誉四海，且多种经营，“其货无所不居”，主要以盐业、典当业、茶业、木业、粮业、布绸业为主。清代徽商以对盐业的垄断贸易而产生的巨额资本雄踞商界。清代沿用明代的纲运制度，徽商业盐者大量增加，全国产盐区以两淮、两浙盐商利润最高，此时徽商的资本发展到了顶峰，多则以千万计，其次也以百万计。汪应庚、汪廷璋、汪硕（石）公、张颂贤、程之歆、江春、江昉、鲍志道等人，资本都在数百万两银之上。其对清廷报效巨额银两，每逢军需、河工、庆典、赈灾少则几万、十几万，多则几百万。仅就军需报效而言，仅在乾隆和嘉庆两朝，两淮因朝廷用兵军需 7 次共捐银 2100 万两，两浙盐商共捐银 540 万两。如果加上年例的置办贡品、皇帝巡幸江南的商捐承办费用，其数目之巨是相当惊人的，这也从一个侧面反映了徽商的资本雄厚。

山西人经商，并非始于清代，但是山西商人兴盛于世，则是在清代前期。著名皇商范氏，便是历史上罕见的显贵富商。到了晚清时期，晋商为适应大流通、大吞吐的商贸活动格局，开办“山西票号”，将传统的中国商人资本运作推向了高峰，独执中国金融之牛耳，号称“第一商人”，成为大清朝廷财政收支的代理汇兑机构。这种在当时世界经济格局中也堪称一流的金融组织，业务涉及异地汇兑、资金自由存放、凭证式结算、跨国金融运作等现代金融活动中最基本的运行方式。其组织之严密、制度之周全，管理之健全，令现代西方学者也赞叹不已。晋商与清王朝的关系十分密切，如清初由山西旅蒙商起家的“八大家皇商”，就是著名的官商。他们从官府得到特许贸易经营权，经营盐业、洋铜业等利润丰厚的商品，凭借自身的实力与政治靠山，与民商争利。山西票商通过向清王朝提供信贷汇兑等金融服务，获得了允准参与朝廷财政经费运行活动的资格，并通过各种手段与地方官僚结交，形成各自的官场关系，承揽大量官款业务，因此获利不菲。

徽商和晋商之所以在明清称雄于世，在中国封建经济商业发展史上占有如此显赫的地位，与其有鲜明的经营特色与独特的经营理念密不可分，他们秉承了数千年敦厚传统文化的流源。徽商孜孜追逐“厚利”而又念念不忘“名高”，从而形成“贾而好儒”的特色，晋商以人为本“因事用人”，在经营中非常重视遴选与拔擢业务人才和笃守信誉，珍惜信誉的准则，这些都是儒家文化在商业道德具体体现。徽商和晋商在政治上都与封建政治势力有密切的关系。他们从商人的利益出发，不惜寻找政治庇护，获得垄断经营特权，扩大社会影响；他们凭借这种政治后盾，从官府得到特许经营权，与民商竞争。同时，他们也成为官府攫取的直接对象而难逃劫难。他们依附、逢迎、仰攀封建政治势力，反映了封建社会晚期钱与势的关系，反映了明清时期商人阶层社会地位的低下。低下的社会地位、动摇的经济地位、懦弱的政治品格，决定了清代商帮只有依附封建政治势力才能求得发展，以致成为封建性商帮和封建统治者的附庸。

### 4. 商品流通的扩大和市场的发展

商人是商品交换舞台的主角，他们的活动程度关系着商品流通的速度。但是商品流通的扩大必须以商品的增多为条件，清代商品的种类较之前代有大幅度的增加。

清代赋税制度及赋税内容的变化，使某些非商品的物质商品化。浙江严州府的贡绢，每年纳“四万七千匹”供上用，清代改为征银向机户购买；河南信阳的白蜡以及清初严禁私卖的人参、貂皮等都有一部分进入了市场。清雍正年间的“摊丁入地”，除数百万漕粮征实物外，基本上实现了赋税的货币化。其后，漕米又改征折色（银两），赋税货币化的过程完成，使原作为实物税征收的粮食变为商品。明代国家征调的棉布在清代基本停征，改为官府采买，在官府采买的促进下，棉布逐渐进入市场，成为商品。

商品种类的增加，是农产品商品化的结果，而农产品的商品化，则始于手工业对原料的需求。对棉花的需求，最先表现出来。清代长江三角洲及沿海地区棉种植面积的扩大，形成了棉织专业化生产区。北方种棉区的区域也不断扩大，黄河中下游地区棉布的商品化也都有了普遍发展，多个地方成为棉布生产中心，出现了专营棉布的贸易商人。有的地区植桑也十分普遍，烟草、花生等经济作物在清代也得到了极大的普及，随之而兴起的烟草加工、出售行业和榨油业也发展起来。

清代由于田赋的货币化，人口的暴增，商品经济的发展，在更大的范围内增加了农民与商品市场的关系。农民将包括粮食在内的农产品和经济作物、手工业产品拿到市场上出卖，买回其他生产、生活物品，乃至不足供食的粮食也要到市场上购买。康熙《临安县志》记载：该县农民

“靠茶桑薪竹以维生计”，而“炊米半仰于苏湖”。广东钦州，原“贾之所深藏者不外冬夏布匹，若问绸绫锦绣，则寥寥矣”，乾隆末年后“行商居贾所售各物，如织文纤缟，夏葛冬裘，以及油糖杂货亦无不具备”。

商品流通得以迅速扩大，与交通运输的顺畅有直接关系。清代，运河成为沟通南北航运的唯一水道，长江则是横贯东西的水上通路。两者成为南北、东西贸易的干线。加之康熙二十三年（1684 年）开海禁，海运贸易从此有了较大发展，沿海各港口城市与内陆各地通过河、海水上交通相连，陆路交通也伸向边远各地，为商品流通的扩大创造了有利条件，使行商的长途贩运构成清代商业经济的一大特征。除此之外，商业经营形式也多样化、专业化，坐商、行商在纯商业活动中从事转运贸易、列肆贸易的商业经营形式；包买商从事与手工业相结合的商业经营方式；盐商、官商从事以官方特许商品的经营形式，漕运贸易、海运贸易等比较发达，商业经营形式也有所发展。

商品数量的增多，商品交易的活跃，引起了各地区生产、消费之间的连锁反应和互相依赖，增加了各地区的经济联系，形成了以市为基础、城市为中心、镇为城市和乡村联系纽带的广阔的商业网络。

市场中，最基层的是遍布城乡的“市”，“市”是在商品交易基础上形成的基层商品市场和居民点，所谓“有商贾贸易者谓之市”。各地对市的称呼不一，有“市”“墟”

“集”“店”“行”“会”“场”等等。据学者研究，清中叶，全国集市总数达 22000 至 25000 个，其中集市 2000 个以上的省有山东、河南、四川、湖北、湖南、广东，以四川和广东的集市最多，分别为 3204 个和 2438 个。

清代以江南的“市”最为著名。江苏吴江县的“新杭市”，自明起居民日盛，自成市井，到清朝，“居民千家成市”。离县治东南 60 里有“黄溪市”，康熙年间居民“至二千余家，货物贸易颇盛，遂称为市”。常熟县有东唐墅、西唐市、横泾市、李市等等。苏松地区以“市”为“行”。嘉定县有陆家行、殷家行；奉贤县有梁家行、唐家行等。有码头的“市”也称“步”（同“埠”）。

华南地区称“市”为“墟”，广西桂县有邹墟、白墟、古丹墟等等。所谓“村市为虚、水津为布”，江苏溧阳有“高友步”。

北方称“市”为“集”，取市集之意，如山东平原县有 29 个乡集：鸡鸣店、寇家坊、水务集等等。有的地方又称市集为店，这是始于宋元的古称，清仍沿袭，如古楼店、饮马店、水务店。再有就是称“市”为“会”，又称“庙会”“神集”“山会”“货会”等。如河南新乡从正月至九月共有会期 31 个，如正月十九日“小龚镇会”、二月十五日的“老君庙会”等等。

“场”是四川等地对“集市”的称呼，又称场集。如万县有熊家场、裕隆场、高峰场等；西南滇中一带称集市为“街”，如马街子、羊街、菜街子等等。

清代农村的集市从数量到质量都有很大提高，在一些商业经济较为发展的地区，集市还出现了永久性的建筑，有的成了固定的商店和街市，如广东番禺的黄坡墟，嘉庆十九年（1814年）有店铺400余座，石冈墟有铺50余间。集市贸易是商品经济不可缺少的组成部分，它既是城市经济的补充，又是沟通农村与城市物资交流的重要桥梁。

市镇兴起于宋代，原为戍兵置将之地，后随商业经济的发展，镇就成了贸易的场所，至清代市镇进入繁荣兴盛期。吴江县的盛泽镇、南浔镇、乌青镇、双林镇、法华镇等在清代“居民相接，烟火万家”。清末江苏太仓州嘉定县共19镇，苏州府吴县共26镇，松江府青浦县共30镇。据《杭州府志》记载，这里的市镇不下七八十个。各种专业化生产区还出现了大批专业化大镇，经营棉布业、粮食业、榨油业、盐业、锻造业市镇。例如湖州府属的南浔镇，就是丝业巨镇，乾隆时期一天出售的丝在数十万到百万两银左右，官办的苏杭织造局也来此收购。辑里村的优质丝更是名扬四海，有诗描述：“初过小满梅正黄，市头丝肆咸开张。临衢高揭纸一幅，大书京广丝经行。区区浔地虽偏小，客船大贾来行商。乡人卖丝别粗细，广庄不合还京庄。”市镇的特点均是居民麇集、商旅辐辏，成为当地商品集散交换中心。交换的形式与对象超过了集市，表现为多层次的交换，生产者、经营者、消费者之间交换的形式也多样化。清代的市镇性质也是多样的，大致有：以手工业为主，以商业为主并兼为商品集散地，或为生产生活资料的汇集中心。市镇的发展推动了商品经营，促进了社会生产的发展，同时表明清代的商品市场在不断扩大。

镇以上的高层是城市，以城市为中心向外辐射，形成广阔的商业区。清代城市商业的分布主要集中在华北、华中、华南及西南政治经济发达地区，这些地区县治以上的商业城市达1400多个。

清代著名的工商大城市首推北京。北京不仅是政治文化中心，也是北方工商业，特别是商业贸易中心。京师的特殊历史地位使其成为巨大的消费城市，成为全国水陆交通商道交通网的汇集点，确立了其工商业特别是商贸中心的地位。乾隆时期，北京宣武、正阳崇文门外店铺鳞次栉比，巨商大贾蜂攒蚁聚，各省商业会馆“百倍于天下各外省”。

在北京，各种市场店铺随处可见：珠宝市、银市、玉器市、米市、菜市、猪市、黑市、补折市、耍货市、雀儿市等。其庙会也不少，如每月初一、十五的药王庙会等共几十个。

北京以外，工商业大城市主要集中在省治、府治所在地，最著名的有：繁华的苏州、扬州，四聚之一的汉口，对外贸易发达的广州、南京等。有的城市因其特殊的地理位置和政治原因而在清代发展成商业城市。承德就是因为避暑山庄的修建而成为一个新兴的商业城市。临清与济宁因为漕运必经之地，商业也随之得到发展，成为北方的商品市场和商品流通的枢纽。清代广州对外贸易的发展，促进了佛山商品经济的繁荣，被誉为“岭南大都会”。

以沿海贸易为主的广州、惠州、潮州、厦门、泉州、福州、宁波、乍浦、上海、海州、胶州、莱州、登州、天津、宁远、锦州等口岸城市，以对外贸易和沿海贸易发展推动了国内手工业和商业的发展，促进了沿海口岸城市的经济繁荣。清代的广州是对外贸易的最大港口，是全国最大的商品集散中心，是国内首屈一指的商品市场，在清代商品经济史上占有十分重要的地位。北方重要港口城市——天津，乾隆、嘉庆两朝时，南北贸易达到高潮。作为南北两洋海上贸易枢纽的上海，凭借其优越的港口条件，迅速发展繁荣起来，其海关征收关税逐年上升，康熙二十九年（1690年）清廷额定税“每年二万三千一十六两三钱三分”，嘉庆四年（1799年），定正额（关税）为“四万二千万两。如有多余亦即尽收尽解”。

清代的市场，由城市、市镇、集市这些大、中、小市场的相互配合，形成了全国性的商业网，不仅推动了商业经济的发展，而且对城市手工业和农村经济的发展有重大意义。商品经济的发展，不断地冲击封建专制制度的基础，促进了中国农村经济的变化，加快了社会前进的步伐。

## 二、半殖民地半封建社会的商业

### 1. 商业政策和措施

进入光绪朝，尤其是甲午战争和庚子之役后，社会政治经济状况发生了重大变化。一方面，帝国主义通过扩大对华贸易攫夺中国财富，致使清廷的财政“漏卮”空前；另一方面，清廷的财政和税收机构发生变化，海关税收和其他工商杂税在数额和比重上超出田赋成为清廷的岁入来源，显示出商业在财政经济中的重要地位。同时，随着自然经济的解体，商品生产和商业流通有了明显发展，资本主义新式工业开始兴起，发展商业的呼声愈来愈高。光绪帝也认识到抑商政策是国家贫弱的重要原因。光宣时期，清廷推行了以建立机构、制定法规、鼓励商业资本的商业政策和兴商措施。

建立完善管理商业的机构，光绪以前，清廷对商业的管理主要通过户部以征课税捐来进行。随着商业往来日益扩大，光绪三年（1877 年）和光绪九年（1883 年），先后设立南洋大臣和北洋大臣，兼管通商事务；光绪二十八年（1902 年）清廷任命直隶总督袁世凯为督办商务大臣，与张之洞会同办理并会议各国商约事宜。次年设立商部，至此成为主管全国商务的政府机构。光绪二十三年（1897

年）将工部并入商部，改称农工商部，下设农务、工务、商务、庶务四司，商务司统辖京师内外的商业学校、公司、工场，以及商政等一切商务事宜，同时兼管商律馆、商报馆、公司注册局、商标局等有关事务。从此，类似资本主义性质的商业管理机构已具雏形。各省在此不久亦成立“商务局”“通商公所”“保商局”“劝业道”等官方和半官方的机构和官制，中央和地方有了一套较为完整的商业管理机构。

光绪二十六年（1900 年）八国联军进攻北京，逃到西安的慈禧下令“变法”。次年两广总督刘坤一等提出制定商律的主张，光绪二十九年（1903 年）三月，光绪帝谕令载振等拟定商律；十二月《商人通例》9 条、《公司律》131 条奏定颁发。光绪三十三年（1907 年）颁发《破产律》69 条。此外公司注册、度量衡、商会、出洋赛会以及京师劝工陈列所等章程陆续颁布。

为保护商人利益、鼓励投资商业，清廷下令“力行保商之政”并于光绪二十九年拟定《奖励华商公司章程》，凡集股 20 万元者，均可奏请给奖，奖赏标准从农工商部五等顾问，官加七品顶戴至头等顾问、官加头品顶戴不等。

这一时期清统治者对商业流通观念的改变，颁布了一系列的商律、章程，某些商业措施的制定，促进了这一时期商品生产、流通，尤其促进了进出口贸易和国内资本主义工业、商业的初步发展。由于清代封建生产方式依然根深蒂固，而且受其经济体制的束缚和控制，加之传统商业政策厘金、捐输的苛扰，商业流通所受的阻碍还是十分明显。

2. 商人队伍扩大，商业资本积累加快和商人买办化的形成

五口通商后，随着国内商品经济的发展和进出口贸易的增长，一些地区的商人数量呈增长趋势。太平天国战争期间，长江中下游洞庭湖地区、苏南其他地区及皖南、浙江等地的地主富户，挟资逃往上海或其他城镇躲避战乱。他们有的为经济所迫经营商业，“任身市肆间，逐什一利以自给”，聊以充当谋生手段。后来“迁徙者多，人烟转盛，城市富民往来贸易，货物充斥”，逃亡者纷纷加入经营商业。江苏宜兴大浦“商贾云集，交易日数十万金”。农民起义失败后，社会逐步稳定，经济开始复苏，国内城乡商品经济加速发展，商品进出口贸易增加，洋货愈销愈广。农村耕地荒芜，劳动力成本增加，加之佃农普遍抗租，拥有土地的地主富户因战乱在他们心中挥之不去的痛苦记忆，田产在他们心中的地位下降，“田”不再被认为是“富”字底，而是“累”字头了。他们当中，大多转营和兼营商业，江南地区尤盛，“多数田主，咸弃耕而经商”。就连一些名臣循吏、文学醇儒“济济一堂”的仕宦

旺族，也纷纷“舍本求末，惟利是趋”，“弃儒就商”。南方地区如此，北方地区和西南地区也同样是“商贾云集”。

光宣时期，商人比例在一些地区占到总人口的三成左右，商品经济和对外贸易比较发达的广东珠江三角洲地区，早在乾隆时期已有30%的人口直接或间接地服务于商业区流通环节。到光宣时期，这一比重进一步提高。山东章丘，同样“商居者十之三四”；在陕西宁羌州，商人比例达人口的21%；山东等各州县，商人约占全体人口的4%。大体反映了全国从商人数的实际。

这一时期，无论是传统的商业，还是为外国资本推销产品、收购地方土产的新型商业；无论是口岸城市，还是内地城镇，商人获取厚利已不是秘密。传统的商业中，土布、盐、杂货土产木材贩卖仍是获利的主要商品。江苏无锡号称“布码头”，土布交易的利润十分丰厚，“坐贾之开花布行者，不数年即可致富”。淮盐运销的资金年利润回报“不下一成四”；由于山东对洋商的限制，他们不能入内地经商，只能限于通商口岸止。洋货的流入和土货的流出由忠实代理人（买办）和华商完成，而买办和华商又借助洋商的势力和特权谋利，二者互相依托。随着帝国主义侵略的不断加深，洋行、买办加强了对华商的控制，华商资本也加速向买办资本转化，从而导致商人买办化的加深。19世纪70年代，随着中国市场由沿海向内地的进一步开放和进出口贸易的增加，洋行买办的地位发生了变化，买办向洋行承担及保证全部购销的职责，洋行则向买办承诺不将购销业务予以他人的义务，洋商与买办的结合愈加紧密，为扩大和打通土、洋货的流通渠道，洋商需要网罗和控制华商。光绪二年（1876 年）的子口税单发放制度的变更和清廷包税制度的推行，使内地商人不得不依附于洋行买办，被迫纳入了其商业网。进入 20 世纪，买办商业网又有新的发展和扩大，一些外国贸易商，尤其是世界性的托拉斯组织，为扩大在中国的产品销售，开始在华商中建立大规模的分配和销售组织，采用委托分区、特约代理、佣金报酬等方式，通过分配中心和代销商店直接将货物送到零售商手中。美孚石油公司的煤油推销即采用此法。英美烟草公司，也通过许多代理商形成推销网，各自分销一定的地区。这时的外国资本的商品推销网已到了无孔不入的程度。章邱太和堂李家，在村内开设只有 5 名伙计的小酒店，每年纯利达二三千吊制钱。

为外国推销洋货、收购土货服务的行业，在一个时期内获利超过了传统商业。经营洋布、洋颜料、肥料、玻璃、蜡烛等商业，比起经营旧式货物的商业更易发财。随着传统土货、丝茶、豆类、花生、牛皮、蛋等出口的增长，收购这些产品的利润也随之升高。在浙江湖州的丝商“以低价向农民购丝，转手高价售与上海洋行，一转手间，巨富立致”。汉口海关的报告也说，该埠的茶商获利很大，光绪十一年（1885 年）所得利润为 300 多万两银。商人队伍的膨胀和商业利润的增长，加快了商业资本的积累速度，扩大了商业资本积累的规模。以上海洋布店为例，从咸丰八年（1858年）时的十五六家到清末时的二三百家。资本也成倍增长，如“日新盛”洋布店，咸丰十一年（1861年）成立时仅有资本600两，到光绪十一年已“积资数十万”。光宣时期商业资本的积累和发展，使商业资本结构发生了变化，大量的资本由传统商业向新型商业转移；商业资本的投机性愈加明显；一部分商业资本开始向产业资本转化；地租、商业资本、高利贷的三位一体进一步强化。

### 3. 清末国内市场及其变化

商品生产和商品流通的迅速发展促使国内市场的进一步扩大。从鸦片战争后五口通商开始，到清王朝终了，共开辟通商口岸82处，其中以腹地和内陆边境口岸居多，而以光宣时期开辟的最多，达62处。外国政府不断以武力威胁，强迫清廷签订不平等的通商条款，将某一城市辟为通商口岸，他们以该城市为据点，向周围地区开展推销洋货、收购土货的活动，他们推销煤油的同时，大力收购各种植物油和植物油原料；推销洋纱、洋布的同时，大力收购棉花；推销卷烟、麻布、五金的同时，大量收购烟草、苎麻、矿砂等。农民出售相关的土货以获得购买力，更多的农民被吸引到市场上来，使国内市场得以扩大。

铁路和轮船运输的兴起，大大方便了商品流通，也使市场向内陆沿江各地延伸。到宣统三年（1911 年）止，国内铁路总长 9347 公里，一些重要的干线铁路如京奉、京汉、津浦、陇海、胶济、沪宁、沪杭等都是这一时期修建的。轮船运输的吨位也不断增大，铁路和轮船的运输使市场的商品和数量不断增加，价贱易损易腐的商品如过去仅供生产者消费和零星消费的粮、棉、鲜果、蔬菜、禽蛋、鱼虾等远距销售成为可能。市场的区域和范围扩大，使商品的流通加快。

钱庄、票号、银行和邮政、电报汇兑业务的发展，粗具规模的通讯和金融手段，促使大批的远距离的交易商品成为可能，有力地促进了市场的扩大。随着市场的不断扩大和商品经济的发展，市场结构取得了突破性的进展。首先是市场商品结构的变化，洋货、土货、城市工业品、生产原材料占有比例增大。集镇和市镇成为国内消费和出口农副产品的收购的起点，即初级产地市场（原始市场）。直隶产棉区的棉花市场，江浙太湖流域和广东三角洲地区的蚕丝专业市场扩大。其次由于铁路和轮船运输对商品流通的促进作用，进出各类市场商品的运销距离明显加大，长途贩运开始构成商业的一个重要组成部分，由此而形成的铁路沿线、港口码头沿线出现了不少重要商品的集散市场，如石家庄的棉花中转市场，青岛的羊角沟转运市场。加之原有的上海、天津、汉口、北京、广州、南京、青岛等全国最重要的消费或终点市场，全国三级市场结构基本形成。

国内市场的发展，并未形成全国统一的民族资本主义市场，而是卷入西方资本主义市场体系，成为其原料收购和工业产品销售市场，其商品市场的销售、流通的荣枯兴衰，完全以外国资本需要为转移，变成其附庸。同时，由于市场发展不平衡，资本主义的市场交换、市场组织与封建主义的乃至原始形态的市场交换、市场组织并存，即沿海商品经济与部分内地传统自然经济并存；通商口岸以汇票期票为媒介的商品贸易与内地某些地区原始形态的易物交换并存；资本主义性质的商会组织与封建主义的行会并存，使这一时期中国国内商品市场带有半殖民地半封建的重要特征。这一时期，全国各级市场完全被控制在外国商人和为其服务的买办和买办化商人手中，国内市场被分割、肢解。市场的扩大完全服务于帝国主义的需要，并受封建生产关系和清廷各种弊政的束缚。旧的生产关系中地主兼商人兼地主，构成商业经营的主体，他们对外是买办，对内则集于地租、高利贷和商业剥削于一身，与官府勾结，垄断市场，囤积居奇，严重地破坏市场的发展，显示出强烈的封建色彩。国内市场的封建性质还明显地表现在混乱的货币制度及度量衡制度上。银两、银圆、制钱、大钱、铜圆、纸币共同流通，复杂的换算极大地妨碍了各地间的商业往来，各地不统一的度量衡制度也十分混乱。

货币和度量衡制度的混乱，不仅影响市场交换，而且引发大量的市场纠纷和矛盾，阻碍了商业市场的发展。

这种建立在自然经济基础之上带有半殖民地半封建性质小商品生产市场，是一种不断萎缩的小商品生产。一方面随自然经济的加速解体，农民被迫卷入市场；另一方面，由于帝国主义和国内封建主义的残酷压榨，其不可能为国内资本主义的发展提供充裕的原料、产品和资金市场，从而在根本上抑制了国内资本主义的发展。

## 三、对外贸易

### 1. 清对外贸易政策的演变

中国的海外贸易，在明末经历了很大变化，即由用制钱或手工业品赴东洋、西洋交换香料、苏木和珠宝、珍禽异兽等，转变为以手工业品或经济作物加工品交换白银。随着海路的开通，西方人到亚洲来的一个重要目的就是为了获得东方的财富，特别是中国的丝绸、瓷器等令西方人倾倒的“奢侈品”。他们将很大一部分白银运往东南亚，在那里与中国商人贸易，到 1597 年，流入中国的白银曾高达 34 万多公斤，这些白银已超过明代国内白银的年产量。这种海外贸易的结构推动了中国东南沿海地区的手工业和工商业的发展。闽粤地区“望海谋生者十之五六”。

传统手工业出现了专门向海外定做而生产的外销瓷器手工业，足以说明中国出口商品已由原来的剩余产品转变为消费而定做外销商品。

明清之际，中国与世界的联系不断扩大，发展对外贸易是中国经济顺应历史趋势的关键。而清王朝背道而驰，较之明朝对出海贸易的限制有过之而无不及。乾隆认为“天朝物产丰盈，无所不有，原不藉外夷货物以通有无”。对外贸易变成了“怀柔四方，加惠四夷”的政治行为。但明清之际，中国生产力的发展和中国对外贸易的扩大，是不以任何主观意志为转移的历史趋向。清初“禁海”政策的失败，就是有力证明。顺康之交，以“海氛未靖”为由，清廷令“滨海民悉徙内地五十里”，片帆不准下海，可是，海外贸易没有因迁海令而停止，而被郑成功和藩商所控制。清朝统一台湾后，于康熙二十三年（1684 年）颁布了“开海贸易”的谕旨。康熙五十年（1711 年）清廷严禁南洋贸易，奉行 10 年之后，又不得不在雍正五年（1727 年）取消禁令。这都不过是对既成事实的认可，并将其置于封建朝廷的严格管理之下，是清前期“闭关锁国”政策的明证。清代的对外贸易政策，作为清外交政策的一部分，却从没有真正意义上的开放过。在其贸易的指导思想和制定的根本制度上，反映得十分明显。在广州通商中，清廷以广东十三行垄断了对外贸易。根据清廷的规定：凡茶叶、生丝、土布、绸缎大宗出口商品，只能由行商承办，唯有瓷器或其他杂货才许散商经营。这是清廷规定的揽商制度。对行商的选择，洋货行初立时，商人只要向抚院甘结领帖，即可取得行商资格。乾隆年间，新承行商必须由现任行商作保。而到嘉庆年间，则要“通关总散各商，公同慎选殷实公正之人，联名保结，专案咨部备查”。因此新行商要向海关监督交纳几万两的巨款才能迈入公行的大门。这种严格的承商制度，把富商巨贾吸收网罗到封建商业垄断组织中来，控制他们手中的商业资本。并通过各种方式，把商业利润纳入为封建王朝财政服务的轨道。保商制度，包括两个方面，“一是为外国商人作保，一是行商互保”，从经济上严惩那些不按清廷规定办事的内外商人。一旦有行商洋行破产，其他作保行商要共同补题课，偿清债务。清廷将商业风险转嫁到行商自身。清廷在粤海关设立公行，并任命总局，控制行商内部的竞争，建立稳定的经营秩序，以利其对行商的驾驭。这种在清廷严格控制下的在中国本土进行的对外贸易，阻碍了中国商品经济的发展，使明清之际产生的外向型经济发展受到严重影响，遏制了手工业、商业创造力的充分发挥，使中国与世界相隔绝，禁锢了人民的思想，抑制了社会的活力，失去了一次走向世界的机会，并从此拉开了中国与西方国家的差距。

### 2. 与各国的贸易

对英贸易。自 1635 年开始的近半个世纪，英国对中国的贸易处于尝试的阶段。此后为了抢夺中国市场，曾与欧洲数国展开了一场激烈的角逐。英国首先在印度成立东印度公司，竭尽全力要把中国变成其倾销商品的最大市场。清初禁海，英商乘台湾郑氏集团与清廷对抗之机，和郑经建立了贸易关系，在厦门建立了商馆。清廷废除海禁后，中英贸易关系有了发展。康熙二十四年（1685 年），清廷特准英国商人在广州开设商馆。为扩大中国市场，英国政府多次派使团来华。乾隆时期为防范洋人，清廷宣布撤销原设的沿海各关，仅留广东的粤海关一口对外通商，此时的中国贸易已成为英国东方贸易的主体。从 18 世纪初到 18 世纪 80 年代末，英国商船来华年平均运量从 575 吨增加到 8146 吨，增长了 14 倍。

当时的中英贸易中，中国输出的商品主要是茶、丝、绸缎、棉布、陶器、金、铜以及药物等，以茶叶和生丝为出口大宗。从英国输入的多是毛织品、棉花、铅、白银、香料、白檀等，其中毛（棉）机制品和金属品来自英国本土，棉花来自印度。

鸦片战争以前，英国在中英贸易中基本上处于入超国的地位。运往中国的毛（棉）纺织品一直处于滞销，外国商品，特别是大工业产品难以在中国找到市场。外来商品对中国自给自足的经济来说并不是必需品，而且中国市场也不具备购买力。与此同时，中国的土特产品又是外国商人所大量需求的，在这样基础上发展的中英贸易，其结果只能是中国长期处于有利的出超国地位，而英国及西方国家只能靠运送大量的白银来弥补其贸易逆差。他们想方设法改变这种不利局面，不仅设法用各种途径筹措资金，而且还曾尝试过运送各种各样的货物进入中国，所有这些努力都以失败告终。但英国资产阶级并不甘心于这种失败，他们终于在印度找到了鸦片。

英国东印度公司对中国第一次输入鸦片的年份是雍正十一年（1733 年），虽然雍正七年（1729 年）清廷已发布禁烟令，但英商船对此置之不理，因为去广州的船从鸦片交易中获得了利润。在 18 世纪 60 年代以前运到中国的鸦片不过 20 箱，此后，东印度公司确立了鸦片贸易政策，乾隆十三年（1748 年）运入中国的鸦片首次超过 2000 箱。嘉庆元年（1796 年），清廷正式禁止鸦片入口后，东印度公司将鸦片高价拍卖给散商，再由散商以走私方式把鸦片偷运到中国。19 世纪 30 年代为止，出口到中国的鸦片就达 2700 箱之多。随着鸦片贸易的迅速发展，中英贸易的性质发生了很大变化，广州贸易不再主要是一种出口贸易，运往英国和美国的茶、丝与来自印度的鸦片和来自西方的制造品保持平衡。道光六年（1826 年）以后，中国全部的进口值超过出口值 500 万西班牙银圆。这种肮脏的鸦片贸易扭转了不利于英国的巨额贸易逆差，而且使他们从中国攫取了大量不义之财。中国的白银大量外流，造成清王朝的财政危机，1833 年一年，中国的白银外流将近 1000 万两。鸦片的泛滥加深了清王朝的政治危机，严重削弱了清朝军队的战斗力。吸食鸦片严重摧残了中国人的身心健康，给中国人民和中国社会带来了深重的灾难，进一步加深了中国社会自乾隆中叶开始的经济危机和政治危机。

嘉庆元年，皇帝登基伊始便令停止征收鸦片税，禁止鸦片进口。至道光十九年（1839 年）清廷上自朝廷，下至督抚衙门，先后发过四五十道严禁贩运、吸食鸦片的谕旨、文告。其中以道光朝最多。道光十八年（1838 年）清廷内部有关禁烟问题的大讨论，其焦点集中在如何严禁鸦片，此时的道光帝也将禁烟重点转向了杜绝鸦片进口。他在上谕中说“若不清查来源，则此患伊于胡底”，并召林则徐进京，任命其为钦差大臣前往广东禁烟。此时英国对华贸易有关的各利益集团都把对华贸易所遇到的种种矛盾归于清朝廷的贸易限制政策，觉得只有摧毁这种政策，才能打开中国市场。此时包括鸦片贩子在内的各利益集团纷纷上书吁请英国政府动用武力，彻底清除对华贸易的障碍，为推进英商在中国的利益承担起责任，这些呼声最终促成了对华炮舰政策的确立。道光十八年六月一日（1838 年 7 月 21 日），英印舰队司令马他仑按既定计划率军闯入中国海域，支持非法的鸦片贸易，充当商务监督同中国政府谈判的后盾。第二年，酝酿已久的第一次鸦片战争终于爆发，中国历史从此揭开了灾难深重、充满屈辱和抗争的一页。

对法、美贸易。清廷对法贸易晚于英国，康熙三十七年（1898年）第一艘法国船抵达广州。因此船为法王路易十四所派，受到了特别优待。康熙帝谕令，全部免除该船一应关税。该船在广州停留一年有余，至康熙三十九年（1700年）才返回。雍正六年（1728年）在清廷的特许下，建立了法国商馆。自此以后，中法贸易不断上升，来华船数也不断增加，自康熙三十七年第一艘船到达广州，至道光十三年（1833年）英国东印度公司对华贸易的垄断权被废止。在130余年中，法国派遣到中国的商船共有140艘。法国商人输往中国的货物主要是黑木、铜、锡、硫黄、羽纱、胡椒、葡萄干、海参等，从中国出口到法的货物为武夷茶、松萝茶、生丝、瓷器、南京布、大黄等。18世纪，法国对中国的贸易，也以法国入超的年份居多，因而，法国人也经常要运白银或银圆到中国。

中美贸易，晚于英法两国，但后来者居上。乾隆四十九年（1784年）第一艘美国商船“中国皇后号”商船抵达广州，开创中美贸易先河。不久又有“潘拉斯号”商船来华，在广州出售所载西洋参、毛皮、水银、棉花、檀香、青贝、燕窝、鱼片等货物后，购买了茶、丝、绸、瓷器等货物返回美国，获得了可观的利润。在对华贸易中，美国与英法不同，他们不受东印度公司垄断权的限制，插足其茶叶贸易和纺织品贸易中。1810 年，美国开始采用飞剪快船，大大缩短了船行时间，加速了贸易周转，对华贸易有了惊人的发展。乾隆五十年至乾隆五十四年（1785—1789）对华贸易值为年均 449152 银两；道光十年至十三年（1830—1833）达到 5087988 银两，不到 50 年增长 10 倍以上。和英法一样，美国的对华贸易逆差也不小，他们先是运送白银来华，后来又开始贩运土耳其鸦片。鸦片战争前的美国对华贸易，基本上属于一种转口贸易，美国商人所看重的不是为美国开辟海外市场和原料产地，而是为国内资本主义的发展和处于初期的工业革命积累货币资本。事实证明，美国这种特殊的对华贸易不仅给美国商人带来了丰厚利润，而且对美国资本主义发展史产生了深刻的影响。

对亚洲各国的贸易。中日两国是一衣带水的邻邦，有着 2000 年以上的友好往来和文化交流的历史。清政府对日本的贸易有着特殊的原因，购买日本铜是对日贸易的目的和主要内容。铜作为铜制钱的原料，随着清前期社会经济的迅速恢复和发展，商品交换的媒介制钱需要量的增大，加之国内铜矿开采和冶炼技术的落后，出现了供不应求的情况，加之交通不便，运输困难，使这一矛盾日趋尖锐。为此清廷鼓励商船赴日采购“洋铜”。康熙十三年

(1674年)，南京进口洋铜28.8万斤，至康熙二十六年(1687年)则增至78.31万斤，增长速度惊人。在朝廷的严格控制下，推行了有利于对日贸易的政策和措施。清康熙元年（1662年）至道光十九年（1839年）赴日中国贸易商船共4000余艘，南京、宁波、广东、厦门赴日商船居多。中国输往日本的商品主要是丝与各种丝织品。另外为日本知识界所珍视、对两国之间文化交流起桥梁作用的中国书籍笔墨大量输入日本，日本政府不仅鼓励输入大量书籍文献，并且想方设法罗致有丰富经验的匠人、医生、学者前往日本，促进了日本科学文化的发展。

清代与朝鲜、暹罗、琉球、南掌（老挝)、缅甸、安南（越南)、苏禄、文莱等国的贸易往来也很活跃，他们多以“朝贡”的形式进行，如朝鲜、暹罗，其“贡使所带货物，请听其便贸易，并免征税，以示柔远之意”，暹罗为“公”运往中国的大米也“不必收税”，鼓励暹罗商人贩米来华，解决中国粮食供应不足的问题。朝鲜贡使携带到北京的货物只能在会同馆（朝鲜使节在北京的住所）进行贸易。这种馆内贸易，一直延续到鸦片战争前夕。这些国家与输入（贡入）中国的商品，多为土特产如胡椒、降香、乌木、珍珠、玳瑁、玛瑙、象牙、豆蔻、槟榔等，清商主要用茶叶、瓷器、丝绸等土特产与上述国家交易。正由于这种“朝贡”贸易的活跃，沿海一带出现了一批专门从事贡舶生意的商人，其中一些人因此而致富。

对俄贸易。康熙二十八年（1689 年），中俄《尼布楚条约》的签订为中俄之间的正常贸易往来创造了条件。除在黑龙江地区通商外，清廷准许俄国商队每隔 3 年来北京 1 次，每次不得超过 200 人，到康熙六十一年（1722 年），以俄国政府名义派遣的商队有 14 次。当年由于俄国侵略势力不断对中国北部边疆进行劫掠骚扰，清廷不得不中止了中俄陆路贸易。

雍正五年（1727 年）中俄《恰克图条约》签订后，又恢复了在北京的中俄贸易。同时还确定恰克图为双方互市地点，俄方开始在恰克图地方建贸易城。雍正八年（1730 年）清廷于俄方所建贸易城对面，也建了一座买卖城。此后，人们将跨处中俄边界线的两座小贸易市镇统称为恰克图。清廷专门设立恰克图监视贸易官员一人，由理藩院司员担任，定制两年更换。为加强对商人的管理，设立了“照票制度”。恰克图贸易开市以来，俄国商人获得了巨大的经济利益，俄国私商输入中国的商品，超过官商的 3 倍，仅乾隆五年（1740 年），俄国人通过恰克图输入到中国的商品值达 40 万～60 万卢布。中国输出的商品主要有生丝、棉布、茶、大黄、瓷器等，从俄国进口的货物主要以毛皮为主。当时赴恰克图贸易的中国商人，以山西人居多。

中俄北京贸易的地点设在俄罗斯馆，清廷派有官员负责警卫和维持秩序，商人凭官票入馆交易。俄国商队还雇佣一些在北京出生的俄国人做掮客，引荐富商前来贸易，或安排俄商与代理商洽谈买卖。俄官商垄断了北京的贸易，他们的贸易目的在于从中国得到金、银锭，他们带来大量的皮货，用来换取黄金和白银。此外俄国商队还在北京进行窃取中国经济情报的活动，他们派人收集、收买瓷器的制作方法和配方资料等，迫使清廷不得不在乾隆二十年（1755 年）中止了其北京贸易。

俄国船队虽然到达广州，但被清廷驱逐，令其仍在恰克图进行互市贸易。

# 第三章　科技与教育

## 一、天 文 历 算

### 1. 时宪历的颁行

时宪历由汤若望制定，是一部应用西洋法数、保留旧历结构的历法。这部历法与旧历法的不同之处有以下三个方面：

第一，它的天文计算方法是建立在比较科学的宇宙理论基础之上的。我国的传统历法虽然也有理论，但往往偏重计算，没有达到自觉地建立天文理论的地步。古代改历，重在修改数据和计算公式，而时宪历所依据的是丹麦天文学家第谷、布拉赫的天体运行论。这种理论虽然比哥白尼的日心地动学说落后，但从历法的观点来看，它对天体运行规律的解析，要比我国传统的宇宙模型更为合理和科学。

第二，在计算方法上，新历完全采用了欧洲几何学的计算系统，引进了经纬度、球面三角学、蒙气差、时空差等新观念。分周天为360度，改100进位制为60进位制。用24小时96刻计时。这和我国传统历法所用的内插法经验公式的代数学体系完全不同。

第三，在二十四节气的规定方法上，采用了定气注历制度。也就是以太阳在黄道上实际移动的位置做标准来判明节气，废弃我国传统历法所使用的“平气”注历制度。从而使节气的安排更符合太阳运动的实际规律，有利于农事的安排。

新历的颁行，标志着欧洲古典天文学的精华已被我国所吸收。这是我国最早接触近代科学的一个领域，对于天文学的发展和农业生产活动有很大的影响。

### 2. 王锡阐、薛凤祚和梅文鼎

清代形成了一个兼通中西天文学的流派，王锡阐、梅文鼎和薛凤祚就是其中的代表人物，他们对中西天文学均采取去伪存真的科学态度，并踏实地做了大量工作。

王锡阐（1628—1682），字寅旭，号晓庵，江苏吴江人。他在深入钻研中西天文学和亲自从事天文观测实践的基础上，提出了不少独到的见解。他指出，西法有精到之处，但还存在不完善以至讹误之处。如西法以为月亮在近地点时视半径大，因而月食食分就相对地要小些。王锡阐则正确地申明：月亮在近地点时，其本身大小是不变的，而地球影锥的截面却肯定要大些，所以月食食分不会反而减小。又如，他指出了传教士汤若望在计算日食时刻时，把定朔时刻和食甚时刻混为一谈的错误，以及把平气和定气合二为一曲解。王锡阐还认为，中法虽有不及西法之处，但也不乏超胜的部分。他极力阐明传统历法的优点，在对我国历代黄赤交角测量结果分析中，敏锐地提出了黄赤交角古大今小的正确概念。

《晓庵新法》是王锡阐融会中西天文学的杰作，是我国古代一部以传统体例形制出现的历法，在内容上兼收中西历法的长处，并有所发明创造。如提出了日月食初亏和复圆方位角计算的新方法，独立发明了计算金星、水星凌日的方法，还提出了细致地计算月掩行星和五星凌犯的初、终时刻的方法。在《五星行度解》一书中，王锡阐在第谷体系的基础上，建立了一套独特的行星运动理论，并推导出了一组公式，用于行星位置的预报。

薛凤祚是与王锡阐齐名的另一位学者。他经过 30 余年的学习和研究，写成了《历学会通》一书，十分系统详尽地介绍了欧洲天体运动的计算方法，并充分利用了传入不久的对数这一有效的数学方法。该书是我国学者独立完成的影响很大的介绍西方天文学的著作。

梅文鼎（1633—1721），字定九，号勿庵，安徽宣城人。江永誉其为“历算第一大名家”。梁启超在《清代学术概论》评价说："我国科学最昌明者，惟天文算法。至清而尤盛，凡治经者多兼通之。其开山之祖，则宣城梅文鼎也。"梅文鼎的学识以博大闻名，他的最主要工作是在数学方面，但对天文学亦多有所论述。仅天文学著述就达40余种之多，有对传统历法的评述、注释和研究，有对《崇祯历书》的评论及正误补缺的工作，有对古代天文仪器的研究和对他自己所创制的仪器的说明，等等。这些著作对于中西天文学的异同得失有着十分深入中肯的评价，对中西法的融通起了重要的历史作用。此外，梅文鼎还制作了一些小型的天文观测仪器，如勿庵仰观仪式、勿庵月道仪式、勿庵浑盖新式等，可进行一些实际的观测。

## 二、物　理　学

### 1. 方以智和《物理小识》

方以智（1611—1671），字密之，号曼公、浮山愚者，桐城县浮山（今属枞阳县）人。在明清之际的学术发展和科学认识活动中，方以智是个有多方面贡献的重要人物。他在科学、哲学、名物训诂、医学会通等许多方面都有独到的研究和见解。他的科学成就主要集中在《物理小识》一书中。《物理小识》中的"物理"是中国传统学术意义上的大物理，即万物之理。该书记载的自然科学内容1000多条，涉及许多门类。《物理小识》是明末清初一部百科全书式的著作，不仅受到清代学人的重视，而且在17世纪晚期传入日本后，被日本学者认为是“在牛顿之前，中国诚可自豪”的著作，受到日本学术界的高度赞誉。

《物理小识》记述物理学知识，涉及力、光、声、热、电磁等各个领域，内容包括时空观念、比重、表面张力、杠杆原理、螺旋原理、光的反射和折射、大气光现象、透镜的焦点、声音的反射、隔音效应、磁偏角变化、金属传热等问题。其中，有的记述在当时是比较先进的。有些问题，方以智也提出了自己独到的见解。特别是他在讨论“气映差”的问题时，探讨了光的折射现象。他做了一个有趣的实验：将一枚硬币放置在一只空碗中，令一个人向后退，退到看不到碗中钱币的位置站着不动，然后另一人向碗中注水，当水注满碗时，站在远处的人即可看到碗中的钱币。这是一种光的折射现象：水碗中的钱币反射的光线，在水与空气的界面处发生折射后进入人的眼睛，人即看到水碗中钱币的像，看起来钱币所在的深度比实际的浅了，好像悬浮在水里一样。根据这个道理，方以智解释了“日未出而水光浮，日初出而不热之理”。清晨太阳还未升到海平面时，人们已经看到红彤彤的影像，由于这时人们看到的只是太阳的像，并非真实的太阳，因此它并不炎热。水碗钱币折光实验，是现代物理教科书中常用的一种说明光折射现象的实验。

### 2. 孙云球与光学仪器制造

孙云球，江苏苏州人。他以水晶球为原料，磨制镜片，制成近视眼镜、远视眼镜。他还是苏州眼镜制造业的创始人。他又制成“千里镜”，登上虎丘试看，“远见城中楼台塔院，若接几席，太平、灵岩、穹隆诸峰，峻嶒苍翠，万象毕见”。他总结制镜的经验，写成《镜史》一书，可惜现已失传。

### 3. 郑复光与《镜镜诗痴》

郑复光（1780—?），字元甫，号浣香，自号与知子，安徽歙县人。他对科学技术倾注了毕生大部分精力，写了许多科技著作，《镜镜诗痴》就是其中的最重要的作品。这部著作耗费了郑复光 10 多年的心血，1835 年之前完成初稿，经过反复修订，1847 年公开出版。

《镜镜诗痴》是中国人完成的第一部光学专著，共计 5 卷，约 7 万余字。内容包括“明原”“类镜”“释圆”“述作”四个部分，每个部分又分为若干篇。其中“明原”论述了一些基本的光学概念，如颜色的虚实浓淡、发光体之光与反射之光、物影与物像、光线的种类与照射规律、人眼的光学机理和镜子的类别，还有几何光学中的三条基本定律，即光的直线传播定律、反射定律和独立传播定律；“类镜”讨论了玻璃等制镜材料的光学性能与质量标准，有色镜的不同用途，平面镜和几种透明柱体的光学特性；“释圆”专门讨论了透镜成像的问题；“述作”收录了照字镜、三棱镜、柱镜、万花筒镜、透光镜、视日镜、测日食镜、测高远仪镜和望远镜等 17 种光学器械，几乎囊括了当时所有的光学仪器和工具。

全书既有系统的理论分析，又有大量的实验基础，既有定性分析，又有定量描述，全面总结了当时中国已有的各种光学知识，形成了一个独特的光学理论体系。《镜镜诊痴》本身是一部光学著作，但对当时的中国科学技术来讲，它的重要意义已超出了光学领域，揭开了中国近代科学发展的帷幕。

### 4. 女科学家黄履庄

黄履庄，江苏人。曾经根据西方机械学原理，仿制了许多自动机械和仪器。如自行车、望远镜、显微镜、体温表、温度计、瑞光灯以及多级螺旋水车等。她发明的瑞光灯，大者口径五六尺，夜以一灯照之，光射数里。她还制造“验燥湿器，内有一针能左右旋，燥则左旋，湿则右旋，毫发不爽，并可预证阴晴”。可惜这些发明未受重视，不久即失传。

## 三、农学、植物学

### 1. 农学

《补农书》。《补农书》由《沈氏农书》和《补农书》组成，分为上下两卷。前者为涟川（今浙江湖州练市）沈氏所作，由“逐月事项”“运田地法”“蚕务”“家常日用”四篇组成。后者的作者为浙江桐乡的张履祥（1611—1674），由“补农书后”“总论”“附录”3部分组成，以“补农书后”的22条内容最重要。

这两卷农书在农业技术和农业经营等方面均有贡献，在农业技术上，强调“粪多力勤”，精耕细作，少种多收，并在许多技术方面有所创新；在农业经营上，注重因地制宜，合理利用自然资源，提出了多种经营方案；该书还记载了一些当时农作物的亩产量和产品价格，介绍了雇工用人的经验，在农业史和经济史的研究上有一定参考价值。

杨屾的《知本提纲·农则》和《豳风广义》。杨屾，字双山，陕西兴平人。一生不应科举，不求功名，讲求经世致用之学，著有《知本提纲》和《豳风广义》等著作。

《知本提纲·农则》是清代理学著作《知本提要》的一部分，主要以阴阳五行学说探索农业生产原理。由“前论”“耕稼”“蚕桑”“树艺”“畜牧”“后论”六部分组成，该书不仅介绍传统农业生产技术，而且进一步以阴阳五行学说探索其原理原则。其所说的“五行”，指天、地、水、火、气，并将之与阴阳相联系，天与火为阳，地与水为阴，以这些基本元素的会聚消长来阐释农业技术原理，反映出在西方科学传入中国之前，中国传统农业的理论水平。

《豳风广义》分3卷，以记养蚕、植桑、织帛为主，并附有图50幅，说明有关方法和工具。书中所讲均切实有据，不务空谈。而且方案浅显易解，以求实用，意在宣传推广。书后附载家畜饲养和畜病防治方法，并有少量园艺内容。

乾隆时期的《授时通考》。《授时通考》是乾隆召集一班文臣编纂而成的。全书布局依次序分作“天时”“地宜”“谷种”“功作”“劝课”“蓄聚”“农余”“蚕桑”等8门，各门都有图，引用文献达427种。该书不但在布局谋篇、编写体制、研究的对象和范围等方面均有所创新，而且以我国卷帙浩如烟海的文化典籍为素材，对我国几千年来农业发展的历史和农业科技成就，进行了全面总结。不过，该书收录过多诏令、奏章，旨为统治者歌功颂德，是不足取的。

### 2. 植物学

清代最好的植物学著作，是吴其濬的《植物名实图考》。吴其濬（1789—1847），河南固始人，自幼喜爱植物，从小立志经世致用。29岁考中状元，后来当过不少省区的总督、巡抚，到过全国十几个省区。每到一地，他总是收集各种植物标本，及时加以记录和绘图，有时还将采集所得植物进行栽种，以便观察。他还注意向民间了解情况，查阅各种文献，摘录有关植物资料。经过长期努力，终于编成《植物名实图考》。该书收载植物1714种，比《本草纲目》多519种，其中由作者研究发现的210多种，由其采访记述的250多种，对每种植物的形色、性味、用途和产地均作了详细描述，还着重对每种植物的名实进行了考证。综观全书有以下特色：该书所记载的植物区域性较强，收载的植物许多是南方或边疆地区植物；在分类上，《植物名实图考》基本上是由草本到木本，体现“从微至巨”的原则；全书列图达1800多幅，而且多数是根据实物写生，能突出植物的基本特征，尤其是对繁殖器官的描述较前人更细致准确。

《植物名实图考》除部分涉及药用与农用之外，有相当一部分种类不是直接与实用有关，这说明传统植物学开始摆脱单纯实用性的框框，有向纯粹植物学转变的趋势。直到今日，《植物名实图考》仍是我国学者重要的参考书。

# 四、医　　学

## 1. 内科、外科、妇科、小儿科

内科。清人李用粹的《证治汇补》、林佩琴的《类证治裁》、王清任的《医林改错》等，都是内科方面有影响的著作。其中，《医林改错》的作者是清代著名解剖学家王清任（1768—1831）。他在长期的医疗实践中深深感到人体解剖对医学的重要，通过艰难的实际观察，发现古书所绘内脏图与实际很不相符。他根据自己的实际观察，写成《医林改错》一书，还绘制了25幅图，连同古人画错的图一并收入该书。王清任的研究有许多新的见解。如关于横膈膜的形状、位置，过去一直不清楚，王清任为此留心了40年，终于找到问题的答案。他指出，横膈膜是区分胸、腹腔的界物，“胸下膈膜一片，其薄如纸，最为坚实”。在膈膜之上只有心和肺两个器官，其余内脏都在膈膜之下。这些记述是正确的。王清任的上述解剖观察与见解，尽管还不全面，甚至还有错误，但比之前人则是大大地前进了一步。

外科。清人祁坤的《外科大成》，提出多种外科手术法如针砭灸烙，治疗技术如肿疡敷贴、洗涤、麻药、去腐、生肌及膏药等，其中脓疡引流法颇具创造性。王洪绪的《外科证治全生集》、顾世澄的《疡医大全》、胡廷光的《伤科汇纂》，均为个人的经验撰述。这些著作表明外科已向专科化发展。

妇科。清初傅山的《傅青主女科》，理法严谨，议论精要，是清代妇科名著。此书对各种妇科疾病均有论述。立法以调和气血、培补脾胃为主。于病有定见，于药有专方，实为妇科辨证施治之圭臬。

清代儿科临证经验更加丰富，儿科的综合性著作日多。夏鼎的《幼科铁镜》对儿科各证寒热虚实，辨析甚明。陈复正的《幼幼集成》论痘科，独有灼见。这两部著作，均对儿科疾病的各种疾状及疗法，作了全面的论述。

### 2. 温病学说的成熟和种痘术的推广

温病之名称由来已久，《难经》在分类时，把温病列入伤寒病中之一种。明代，温病学派脱离伤寒并逐渐形成独立学派，到清代，温病学派渐趋成熟。清初，医家叶桂（字天士）在《温热论》中对温病的传播过程及转变加以系统理论化，为温病学说及其学派的形成奠定了基础。18世纪末，吴瑭写成《温病条辨》一书，提出了三焦辨证的理论，为温病学说又一重要著作。王士雄的《温热经纬》，引述古医书中有关温病条文为经，经清代诸医家叶桂、薛生白等的温病论述为纬，把温病分成新感和伏气两大类，并对温病的病源、证候、诊断及治疗进行总结。至此，温病学说基本成为一个独立的学术派别。

天花是一种烈性传染病，对天花的预防在我国早就开始了，到清代，发明了人种接痘术。到 18 世纪中叶，人痘法防天花已较普遍。当时种痘法有四：痘衣种法、痘浆种法、旱苗种法、水苗种法。这是人们通过数百年长期摸索而总结出来的人种接痘术，其中水苗种法与现代种痘术有异曲同工之妙。当时已制得从“时苗”到“熟苗”的过程，与近现代之免疫疫苗、菌苗极为相似。人痘接种风靡一时，并辗转传入西欧。中国的人痘接种法对于现代免疫学的启发功不可没。

### 3.《本草纲目拾遗》及其他医药著作

《本草纲目拾遗》是清代赵学敏所著。赵学敏（约 1719—1805），字恕轩，号依吉，浙江杭州人。他自幼对医药充满兴趣，阅读过很多医药古籍，善于从民间调查采访药学知识，并在药圃中种植药用植物，时常加以观察。

《本草纲目拾遗》共记载药物 921 种，其中《本草纲目》没有收的有 716 种。在全部 921 种药物中，有植物药 577 种，动物药 160 种。在药物分类方面，赵学敏也有所创新。他除依《本草纲目》将药物分为草、木、果、谷、蔬等部外，还另立花部和藤部。他还对设立“人部”的依据说法很不以为然，故在他的著作中删掉了“人部”。他在著作中记载了大量新药，如山海螺、马尾连、子午莲、鸦胆子、鹧鸪菜、接骨仙桃、金鸡勒、东洋参、西洋参、香草等。

除此之外，还有其他医药著作，汪昂的《本草备要》是一本使本草学由博返约、简明实用的入门书，故流传很广。吴仪洛的《本草从新》、邹澍的《本经疏证》、刘若金的《本草述》等等，都是后来出现的重要著作，从不同侧面对本草学进行研究和发挥。

## 五、地　理　学

### 1.《天下郡国利病书》

《天下郡国利病书》为顾炎武所著。顾炎武（1613—1682），初名绛，后改炎武，字宁人，后世学者称他为亭林先生。他少年时代“落落负大志”，15岁便参加“复社”的反宦官权贵的斗争。明亡后，他组织武装奋起抗清。兵败后，顾炎武遍访华北，一面搜集民间风俗，一面致力于研究边防和西北地理。在学术上，他曾指出“君子之为学，以明道也，以救世也”，主张用“经世致用”的学风来振奋民族精神。对于他的地理学著作《天下郡国利病书》，梁启超在《中国近三百年学术史》中评论说：“其著述动机，全在致用；其方法则广搜资料，研究各地情况，实一种政治地理学也”。

《天下郡国利病书》共 120 卷，首为舆地山川总论，然后分省叙述地理形势、水利、粮额、屯田、设官、边防、关隘。作者在编撰中，辑录了大量的历史文献，总结了实地考察的经验，对各地的经济和军事形势作了重点论述。书中还录及西域、交趾及海外诸国情况。因此该书是一部涉及社会政治、经济、军事等多方面内容的地理著作。

2.《读史方舆纪要》

《读史方舆纪要》为顾祖禹所著。顾祖禹（1631—1692），字景范，号宛溪。他的先人精于舆地之学，他继其遗志致力地理研究，声名日高，曾受聘参加《大清统一志》的修纂工作，毕生成就是著成《读史方舆纪要》。

《读史方舆纪要》130 卷，约 280 万字，是作者花费 20 余年的精力方才完成的地理巨著，全书体例严整明晰。此书的前 9 卷为历代州域形势，后 7 卷是山川源委、异同及分野，当中的 114 卷则以各省、府、州、县来记述。每省冠以总序一篇，论其地在历史上的地位，然后叙述疆域、沿革、山川、险要以及全省形势。

顾祖禹在其著作中，精辟而辩证地论述了人地关系，他举了许多例子反复说明地理环境是人事活动的舞台，是人们生存发展不可缺少的条件，但是这种关系又因人事的曲折而有所变化。如，他说：“函关、剑阁、天下之险也。

秦人用函关却六国而有余；迨其末也，拒群盗而不足。”最后，他总结说，“阴阳无常位，寒暑无常时，险易无常处”，体现了人地关系中的辩证思想。

### 3. 对《水经注》的研究

《水经注》是我国第一部记述全国水道的专著，为北魏郦道元所著，全书40卷，不仅记述了1252条水道的发源和流向，而且记载了河道经流地区的山岳、丘陵、陂泽、重要的关塞亭障、古城遗址、土地物产、农田水利设施及河道变迁等。

清代研究《水经注》最著名的有全祖望、赵一清、戴震三大家。后来王先谦合校诸家，集其大成，写成《合校水经注》。他在序中说，他研治《水经注》30年，凡足迹所到之处，一定要把《水经注》带去，以资印证。此后，杨守敬与其学生熊会贞又以毕生精力撰成《水经注图》，为我们阅读《水经注》提供了极大的方便。

### 4.《大清一统志》

《大清一统志》是清朝官修的全国地方总志，是在康熙、雍正、乾隆、嘉庆、道光五个皇帝亲自过问下，由翰林院一批学士，以及一些著名地理专家集体编纂成的，记述16世纪中叶到19世纪初，清王朝的疆域政区状况。

《大清一统志》内容十分庞杂，又是多人集体编纂，必须要有统一的切实可行的标准。徐乾学拟定了《大清一统志》的凡例 21 条作为编辑的标准。他研究了《禹贡》《职方》、历代正史地理志、唐宋至清的地理总志等书的体例，结合现实需要提出了分野、部辖、图经、建置沿革、城池、形势、里至、户口、田赋、古迹、人物等 27 个纲目，在每个纲目之下，详述了设立该纲目的根据和写该纲目的具体体例。陈廷敬认为，要写好这些纲目，必须贯彻“事贵博，文取约”的原则和志与史相经纬的原则。就是说，历史事实要广博，文字要简洁；写人物，史记载了的，志就略，史没有记载的，则志就详载。雍正年间，方苞在继续修书的过程中，又重申了“简明”的原则，对凡例也略加修改。不仅乾隆八年（1743 年）完成的《大清一统志》是按这一凡例的精神和原则写成的。而且乾隆四十九年续修成的《大清一统志》、道光二十二年（1842 年）重修成的《大清一统志》都是沿袭这一凡例和原则写成的。只不过在一些具体体例上根据形势变化有所增加而已。

《大清一统志》是按省、府州、县三级来叙述的。省有省图，绘一省的山川及所属府州县名，府有府图，绘一府的山川及所属县名；省有建置沿革表，列出该省及所属各府从秦代到明代的沿革，府也有建置沿革表，列出该府及所属各县从秦代到明代的沿革。这种“事博而文约”的图表是正文的提纲、入门的向导，今天修志仍有采用。

### 5. 康雍乾时期舆图绘制

康熙、乾隆年间，由中国政府主持，聘请西方传教士白晋、雷孝思、杜德美等十人来中国从事大地测量和地图绘制，并向中国学者传授知识。他们不仅进行了大地测量，而且把测量的结果用投影法绘制成中国崭新的地图，此即有名的康熙《皇舆全览图》。乾隆年间，学会了西方测绘方法的中国学者何国宗、明安图等人，继续从事大地测量，并完成了乾隆《内府舆图》（又称《十三排图》）。这两种地图不仅影响了整个清代，而且还影响到民国初年。在这段时间出版的地图，十之七八都是以这两种地图为蓝本的。康雍乾时期舆图绘制，是中国古代地图发展史上的一个里程碑，在世界大地测量和制图史上也是空前的事件。

## 六、建　　筑

### 1. 皇宫的扩建与“三山五园”修建

皇宫，即北京故宫，又称紫禁城，是明永乐帝用 14 年时间建成的。这一建筑群南北长 960 米、东西宽 760 米，总建筑面积约 17 万平方米，有太和、中和、保和三座大殿。康熙初年，大内起火，曾重修和扩建太和殿，由梁九设计，将原来 9 间改为 11 间，这是宫廷内的主殿，大殿气势雄伟庄严、富丽华贵，殿内各种漆画藻饰光彩夺目，是我国最大的木结构建筑。清代对大内屡次增修扩建，重重殿阁，层层楼台，千门万户，气象堂皇，形成庞大壮丽的建筑群。

清朝统治者在北京大兴土木，经长期的经营建筑，形成了许多大小园林，最著名的是三山五园，即香山静宜园、玉泉山静明园、万寿山清漪园以及畅春园、圆明园等。畅春园是清顺治时，在明代清华园的故址上扩建的一座皇家别墅。该园有万泉河流经其侧，园内有宽阔的水面，临水布置各种建筑物，栽木莳花，饲禽养鱼。雍正帝在香山建造行宫——静宜园，在玉泉山建造静明园，在万寿山建造清漪园，并整修扩建了康熙时的圆明园。清漪园前山的殿堂亭阁、长廊石坊与今天颐和园的布局大体相似，它被英法联军破坏后，由慈禧太后重建，但建筑形式和名称已多更改。

清代皇家园林中首屈一指的是圆明园，它由长春园、万春园、圆明园 3 座园林所成，占地 5200 余亩，建筑面积达 16 万平方米，相当于紫禁城皇家建筑面积的总和。全园以水景为主，萦绕的河渠溪流把大大小小湖泊水面串联起来，其间有假山、土岗、石堤、岛屿，还有众多的宫殿、楼阁、亭轩、馆榭错落散布，或富丽堂皇、雍华富贵，或诗情画意、妙趣天成，或素洁淡雅，意境高远。长春园之北，还有一群西式建筑群和喷泉，是由外国传教士郎世宁、蒋友仁、王致诚等按西方建筑原理和风格设计督造的，全园各处栽植各种嘉树翠竹、奇花异草，形成了许多丰富多彩、千姿百态的景观，其中最有名的是“圆明园四十景”。整座园林体现了我国古代造园艺术的精华，被称为“万园之园”。

### 2. 承德避暑山庄和外八庙

承德，位于燕山山脉西南部，海拔 1000 余米，夏季气候凉爽，是理想的避暑胜地，清代在此建行宫，名避暑山庄，同时作为清帝与蒙藏贵族游览聚会之所。康熙四十二年（1703 年）开始营建，历时 5 年，建成名景 36 处，山庄粗具规模。乾隆时又在山庄内扩建 36 景，增至 72 处，总面积达 8500 亩，成为现存帝王苑囿中占地面积最大的一处。山庄布局分宫区和苑区两部分，宫区包括正宫、松鹤斋、万壑松和东宫四组建筑，是皇帝处理朝政和居住之地。苑区包括湖区、平原、山区 3 部分。山庄湖区主要以热河等泉水为水源，仿照江南园林技巧布置。湖区北面是平原区，当年绿茵如毡，麋鹿成群，一派草原风光。山庄西、北则是山区，这里既有连绵起伏的山峦，也有幽静的深邃峡谷，构成一幅绚丽多彩的画屏。

山庄外狮子沟以北、武烈河以东是“外八庙”，从乾隆三十六年（1771 年）到乾隆五十五年（1790 年）陆续建成，它是11座汉蒙藏混合式风格的喇嘛庙。这些寺庙分别是：狮子沟以北自西而东的“殊像寺”“普陀宗乘庙”“须弥福寿庙”“普宁寺”；武烈河东从北到南的“安远庙”“普乐寺”“溥仁寺”。这七座庙宇作为7个景点，既是避暑山庄的主要借景，又是山庄景色的外延。

### 3. 壮丽的布达拉宫

拉萨的布达拉宫是达赖喇嘛的寝宫，处理教务和政务的中心，宗教与行政管理机构都设在这里。现在的布达拉宫是清顺治二年（1645年）起，五世达赖喇嘛在吐蕃宫址上重建的，用地40余公顷，工程前后费时达50年之久。“布达拉”意为普陀山。布达拉宫的主体为山顶宫堡群，从山腰处拔升而起，直达山顶，特别是南面的石壁，陡峻挺拔，形同天然峭壁，将建筑与山峰结合得天衣无缝。宫堡分为红宫和白宫两部分。红宫用于宗教活动，方形平面，高9层，宫前下部佛台开4层窗，故外观13层。藏式碉楼风格的平顶上有几座汉藏混合式镏金歇山殿及金字塔。第5层是达赖主持仪式的大殿，6至9层中央为天井，周围绕以佛殿、经堂、书房及灵塔殿等，并以廊相连。白宫在红宫东侧，是达赖喇嘛的寝宫，藏式平顶。第四层为白宫起居主殿，5至7层是围绕天井布置的各类生活用房，包括寝室、膳房、客厅、仓库及经堂等。红宫和白宫前的一片平坦地段上，分布着佛具制造所、印经院、马厩、守卫所及监狱等。厚墙围绕宫的四周，防卫非常森严，山南的方城和山北的龙王潭花园既独立于宫堡，又起到了衬托后者的作用。布达拉宫建筑大部分采用密柱、密梁和平顶构架，外部以坚厚的石墙做护围结构。墙面收分显著，雄壮厚实。墙身和檐部横向饰带很多，窗口做成梯形窗套，这些都增强了建筑的尺度感。

喇嘛教义对宗教建筑用色有严格的规定：经堂和塔刷成白色，佛寺刷成红色；白墙上用黑窗套，红色木门廊用棕色饰带；红墙面上则主要用白色及棕色饰带；屋顶需用镏金，上安经幡、法轮、宝珠等饰物。布达拉宫在整体和细部上都遵从了喇嘛教义对建筑的规定，且形态上甚为庄严典雅，阳光照耀下金光闪烁、富丽堂皇，远远超出一般世俗殿宇所具有的表现力，达到了佛国神宫的境界。

### 4. “样式雷”和清代皇家建筑

雷发达为清初著名建筑家。康熙八年（1669 年），雷发达参与重建明太和殿，行上梁礼时榫卯不合，雷发达攀上梁架，以技使其合榫，于是“龙颜大悦”，敕授“工部营造部”“长班”，遂有“上有鲁班，下有长班”的工谣。从雷发达以下，传 7 世，历 240 余年，雷家成为宫廷设计的专职部门——“样式雷”，皇家工程的设计图样模型皆出自雷家。圆明园中的“内部工”就是“样式雷”从事设计的一处基地。雷发达死后，其长子雷金玉继，并掌圆明园楠木作，乾隆至道光之间，雷金玉四世孙雷家伟参与续修圆明园东片，并与其弟雷家玺、雷家瑞一起设计了颐和园玉泉山和静宜园香山等皇家园林。同治时，议复修遭英法联军焚毁的圆明园，六世孙雷思起主持烫样的制作，今存故宫博物院。七世孙雷廷昌主持了禁苑“三海”的建筑。此外，清代中后期的帝王陵寝也多是由雷发达后人设计的。如四世孙雷家玺设计的昌陵，六世孙雷思起设计的定陵，以及七世孙雷廷昌设计的惠陵和定东陵等。

## 七、教　　育

### 1. 清代的国子监

清朝的国子监亦称国学和太学，始设于顺治元年（1644 年）。清政府制定了国子监规则，其一，实行监生历事制度和积分法。清初国子监生坐监期满，即拨历各部院衙门练习吏事，每隔三月考核一次，一年期满送廷试授官，至康熙初停止。积分法始于顺治三年（1646 年），汉人监生于常课外，月试经义、策论各一道，合式者拔置一等。岁考一等十二次者为及格，免拨历，送廷试超选。其二，设置管理监事大臣。国子监的长官原是祭酒、司业。雍正三年（1725 年），又开始另设管理监事大臣一人，成为国子监的主管官。其三，实施分斋教学制度。《清史稿·选举志》中说："明经者，或治一经，或兼他经，务取《御纂折中》、《传说》诸书，探其原本，讲明人伦日用之理。治事者，如历代典礼、赋役、律令、边防、水利、天官、河渠、算法之类。或专治一事，或兼治数事，务穷究其源流利弊。考试时，必以经术湛深、通达事理、验稽古爱民之识。三年期满，分别等第，以示劝惩。"

国子监的教学内容，主要是四书、五经、性理、通鉴、十三经、二十一史等书，此外，还要学习清朝有关的诏、诰、表、策论、判，每日监摹晋、唐名帖数百字。教学方法既有教师讲授，又有学生自学和质疑问难。国子监的学生分为贡生和监生，还有外国留学生。

### 2. 学塾教育

学塾是清代的启蒙教育，分为三类：其一是私塾，由教师在家设馆授徒；其二是义学，即官商富绅借祠堂庙宇，延请教师教授地方清寒子弟。义学最初设在京师，教师称塾师。后来各省府、州、县纷纷设立，成为孤贫生童，或苗、黎、瑶等族子弟优异者接受教育的机构。雍正元年定义学例，规定了义学的学习内容。其三是专馆，有钱人家礼聘教师教授子女。这些学校从识字开始，一直可以教完四书、五经，乃至《史记》《纲鉴易知录》。但教学方法不外背书温书，作文对字，并常辅以体罚，而且除春节、端阳和中秋三节外，从无假期。上课自早至晚，除吃饭上厕则终日枯坐，对学生心理损害很大。

### 3. 清初实学教育思想的成熟

清初提出实学教育思想，主张重视学习包括自然科技知识、军事知识和技能在内的经世致用之学，强调“学贵实行”“学贵适用”“习行”等联系实际的教育、教学原则和方法，提倡劳动教育等。其代表人物是颜元。颜元(1635—1704)，字易直，又字浑然，直隶博野县（今属河北省）人。他毕生从事教育活动，针对清初理学教育的虚浮空疏，提出了“真学”“实学”的主张。他说“彼以其虚，我以其实”，“救弊之道在实学不在空言”。

颜元托古改制，以复古求解放，宣称“六艺之学”便是“真学”“实学”。晚年，他曾规划漳南书院设置六斋，并规定了各斋的具体教育内容，这是他对“真学”“实学”内涵的最明确，也是最有力的说明。漳南书院的六斋及各斋教育内容为：第一，文事斋，课礼、乐、书、数、天文、地理等科；第二，武备斋，课黄帝、太公以及孙、吴五子兵法，并攻守、营阵、陆水诸战法，射御、技击等科；第三，经史斋，课十三经、历代史、诰制、章奏、诗文等科；第四，艺能斋，课水学、火学、工学、象数等科；第五，理学斋，课静坐、编著、程、朱、陆、王之学；第六，帖括斋，课八股举业。

由上可见，颜元“真学”“实学”的教育内容，不仅同理学教育有着本质的区别，而且无论是在广度上，还是在深度上，都大大地超越了“六艺”教育。实学除了经、史、礼、乐等知识之外，还把诸多门类的自然科技知识、各种军事知识和技能正式列进教育内容，并且实行分科设教，这在当时确实是别开生面的，已经蕴含着近代课程设置的萌芽，实学教育思潮是中国古代教育理论向近代教育理论发展的中间环节，不仅在当时使人耳目一新，而且对中国近代资产阶级的教育思想也曾产生过积极的启蒙作用。

### 4. 清末实学教育思想的演变

清末，随着西方列强的入侵和近代社会的剧烈变化，实学教育也发生了变化，教育内容以学习“西文”“西艺”为主，课程多包括外语、数学、格致、化学等一般性课程以及和各自专业相关的科学技术课程，注意学以致用，区别于传统学校的经史义理和八股文章。现以京师同文馆八年制课程规划予以说明：第一年，认字写字，浅解辞句，讲解浅书；第二年，讲解浅书，练习文法，翻译条子；第三年，讲各国地图，读各国史略，翻译选编；第四年，数理启蒙，代数学，翻译公文；第五年，讲求格物，几何原本，平三角，弧三角，练习译书；第六年，讲求机器，微分积分，航海测算，练习译书；第七年，讲求化学，天文测算，万国公法，练习译书；第八年，天文测算，地理金石，富国策，练习译书。

教学方法上，比较能按照知识的接受规律由浅入深、循序渐进地安排教学内容，重视理解，一定程度上改变了偏重死记硬背的传统学风；注意教学中的理论与实践结合，很多学校都安排有实践性课程，有的还建立了实习制度，不似传统学校完全把学生禁锢在书斋之中。

实学教育思想的变化及其在此思想指导下兴办的新式教育，逐渐动摇和瓦解了旧的教育体制，启动了中国近代教育改革的进程。

## 八、科举制度

清朝的科举制度以进士科最为重要。进士科正式考试共分为三级：院试、乡试、会试和殿试。在院试之前，还要经过县试和府试，作为科举考试前的预备考试。

预备性考试。读书人在参加正式科举考试前，首先要接受由本县知县主持的考试，俗称县试（多在二月举行），县试通过后，再接受知府主持的府试（多在四月举行）。府试及格的称作“童生”。取得童生身份后，才有资格参加正式的科举考试。由于有的人多年参加县试、府试才成为童生，或者有的童生多次参加科举的院试都没有通过，所以童生的年龄不一定都小，甚至有白发老人。

院试是朝廷举行考试的最初一级，在府城或直属省的州治所举行。主持考试的长官是学政，又可以称学台、宗师。学政由皇帝任命进士出身的翰林院、六部等官员到各省去任职，任期为三年。学政在任期内，依次到所辖的各府、州去主持考试。院试包括岁试和科试两种。童生通过岁试，就算“进学”了，即成为朝廷的学生，称为生员，俗称秀才、相公。岁试成绩优秀的生员，方可参加科试。科试通过了，才准予参加更高一级的乡试，叫作“录科”。

乡试在京城及各省省城举行，三年考试一次，一般在子、卯、午、酉年举行，考期多在秋季八月，所以又称“秋闱”。乡试的正副主考官一般由皇帝任命在京的翰林及进士出身的部院官充任。乡试有正规的考场，叫作贡院，一般建在城内东南隅。乡试共考三场，以初九日为第一场，十二日第二场，十五日第三场。每场都于头一天即初八日、十一日、十四日点名入场。每场后一日即初十日、十三日、十六日交卷出场。乡试发榜在九月，正值桂花开放，所以称乡试榜为“桂榜”。乡试取中的称举人，第一名叫解元。乡试中举称乙榜，也叫乙科。考中了举人，不仅可以参加全国性的会试，就是会试未能取中，也具备了做官的资格。

会试和殿试是最高一级的考试，其中会试是带有决定性的考试，而殿试只定名次，不存在被黜落的问题。会试由礼部主办，在京城的贡院举行。会试一般在乡试的第二年，也就是丑、辰、未、戌年。考期多在春季的二、三月。

故此会试又称“礼闱”“春闱”。参加会试的是全国的举人，录取名额少则几十人，多时可达400余人。会试被录取的人，称为贡士，第一名叫会元。会试发榜时，往往正值杏花盛放，所以又称为“杏榜”。会试的主考官称为大总裁，由内阁大学士或六部尚书充任。清朝新录取的贡士，在殿试前，还须进行一次复试。复试结果，按成绩分为一、二、三等，这个等级对于以后授予官职有重要的关系。

殿试在四月份举行，名义是由皇帝亲自主持。此外还要任命阅卷大臣、读卷大臣，协助皇帝评阅试卷。殿试都只考策问一场。出榜分为三甲：一甲为赐进士及第，只有前三名，为状元、榜眼、探花，合称三顶甲；二甲为赐进士出身若干人，第一名为传胪；三甲为赐同进士出身若干人。在一、二、三甲的都泛称进士。中了进士，功名就到了尽头。

随着封建社会的衰落，科举制度的流弊也越来越突出，并且成为封建保守派用来抵制进步思想、反对社会变革的重要工具，成为社会进步的一大障碍。自康熙时起，就不断有一些开明官员提出废八股取士、改革科举制度，但都遭到保守势力的反对和抵制。鸦片战争以后，中国社会发生巨大变化，中国的旧式教育和考试制度很难再原封不动地维持下去了，废除八股取士的呼声越来越高涨。在此情形下，1905年9月2日，清廷正式下令废除科举考试制度。

# 第四章　学术　思想　宗教

清代学术思想史既是中国古代学术思想的总结，也是中国近现代学术思想的开端，在中国学术思想史上具有承上启下的作用。在新旧学术思想交替演变的过程中，既涌现了继承和总结中国传统学术思想的学术，也产生了有深厚传统学术功底、又能吸收和接受西方资产阶级思想观点并将二者融合起来、把中国学术思想推向新阶段的学术大师，其学术思想丰富多彩。

## 一、清代学术

### 1. 语言文字

中国汉字的读音历来属于音韵学的研究范围，声母韵母均用汉字标识。1867年，英国外交官、汉学家威妥玛为了帮助外国人识读汉字，编写了《语言自迩集》的汉语课本，采用了罗马字拼音方案。这套拼音字母至今还为西方人和海外一些华人地区所使用。1892 年，卢戆章编写了《一目了然初阶》，这是中国人自撰的第一本汉语拼音方案书，读书以闽南方言为语言标准，以拉丁字母为拼音字母，采用了左起横行的书写方法，因而也是中国第一本横排书，但闽南方言的适用范围不大，不便推广。1898 年戊戌变法后，维新官员王照流亡日本，继而隐居天津，潜心研究汉语拼音。他吸取了戊戌变法“心目中不见细民，妄冀富强之效出于策略之转移”的教训，决心用拼音字母做宣传工具。1901 年秋，王照在日本东京出版了《官话合声字母》，采用了 62 个音符，“音母”（声母）50 个，“喉音”（韵母）12 个，以官话（北京话）为基础。拼音字母形状类似日本片假名，时称“简字”。1903 年，为了推广官话字母，王照在北京自办义塾，影响扩大。经管学大臣张百熙奏准，在当年学堂章程中正式将“官话”列入师范以及高等小学堂国文科的课程。此后，官话书报在北方开始流行。1907 年劳乃宣采用王氏字母，增加宁、吴、闽、广音若干，编成《简字全谱》，使官话字母进一步推广到长江以南。

白话文的推广与普及，是近代普通话形成的一个重要因素。19 世纪末 20 世纪初，黄遵宪等先进知识分子积极提倡和宣传白话文。1898 年，陈荣衮、裘廷梁等鼓吹“白话为维新之本”，主张“崇白话而废文言”。在维新变法前后，出版了一批白话报纸，如《无锡白话报》《杭州白话报》《苏州白话报》等。陈荣衮还编写了一批通俗小学教科书，如《妇孺须知》《妇孺浅解》等10余种。20世纪初，白话文进一步与官话字母相结合。白话文逐渐趋于规范化。

1898年问世的马建忠《马氏文通》，是中国历史上第一部以汉语语法作为研究对象的语言学著作。马建忠曾留学法国，任中国驻法使馆翻译。他参考了拉丁语法，研究古代汉语的结构规律，虽然不免强解之处，但毕竟使古汉语的研究脱离了经学的范畴，为汉语研究奠定了科学基础。

在文字工具书方面，影响最大的当推《康熙字典》。1908年，清廷还分别着手编纂《中华大字典》和《辞源》，1915年中华书局的商务印书馆分别出版，标志着我国文字工具书的出版进入一个新阶段。

在清末汉语拼音各种设计方案中，还产生了汉语速记术。蔡锡勇《传音快字》采用速记符号为拼音字母的方案，以北京音作为标准，合两笔为一字，方法简便，且与普通话读音相近，后来发展成为我国最早的速记术。

随着中外文化交流的发展，尤其是戊戌变法之后，西洋语汇通过音译、意译和借用日本的译名融入汉语之中。音译词主要是一些西洋器物、食品、度量衡、币制以及化学元素等，有些译词如“德律风”（电话）、“拨驷达”（邮政）等则被淘汰，改为意译。意译的词汇以摹借法为多，如“铁路”“足球”等。20世纪，留学日本的学生激增，大量地引进日本译名。这些译名有的利用汉语原有的词汇，赋予新的含义，如“革命”“教育”“文学”“艺术”等。有的采用汉语原义的汉字结构，如“哲学”“物质”“精神”“经济”等。针对大量外来词汇融入汉语的情况，清廷学部于1909年成立编订名词馆，以编定中外名词对照表和词典，使之规范和统一，近代外来词汇大量被吸收，大大丰富了汉语的词汇，增加了汉语的表达能力，并使汉语走向国际化。

20世纪以前，英语在中国的影响较大，其次是法语、俄语、德语。随着留日学生的增加，日语的影响日益扩大。20世纪初叶，还有人提倡学习和使用当时被称为“万国新语”的世界语。

清代也是传统语言全面繁荣的时期，在许多方面取得了辉煌的学术成就，而作为民俗世象重要内容的民间语言也相应获得了巨大发展，像方言、俗语、谚语、谜语、隐语、行话等诸多语言现象，都从不同侧面反映出民间语言的特性，提示了社会生活的丰富内容。

### 2. 清代朴学

朴学也称“考据学”，以清代为盛，成就超过古人，尤以乾嘉时期最辉煌，形成所谓的“乾嘉学派”。朴学源于明末清初几位大儒的提倡，如顾炎武、黄宗羲、王夫之等。他们感于亡国之痛，斥责理学空谈心性误国，大力倡导经世致用之学，主张做学问要有根据，以“考古求真”为宗旨，结果就是走向考据，成为一代显学。顾炎武的两部著作《日知录》和《天下郡国利病书》被认为“无一字无来历”。黄宗羲的《明夷待访录》则为考古论今之作。王夫之则对宋明理学进行了不遗余力的批判。

清代自雍正、乾隆以后，随着统治的日益巩固，对知识分子的思想控制也愈来愈严厉。清廷大兴文字狱，钳制人们的思想，“避席畏闻文字狱，著书都为稻粱谋”便是对此最真实的写照，于是明末清初顾炎武等人所倡导的研究现实问题，强调经世致用便成为不可能，而他们重视考据、讲究实证的治学方法却被一些学者继承和发展开来，很快形成了一种风气。学者们因研究现实不可行，唯有埋头于古文献里，多在考据训诂方面下功夫，朴学因此盛况空前。以师承和地区而论，形成了许多学派，主要有吴派、皖派和浙东派。吴派的代表人物有惠栋、钱大昕等，他们从形容古文字入手，重视声音训诂，以求经书中的意义，但过于迷信汉儒说经。皖派人物主要有戴震、段玉裁等，他们注重文字音韵和校勘训诂。浙东派的代表人物有全祖望和章学诚，其主要特点是比较注重史学研究，在撰史、补史、史料、史论方面有重大成果。

朴学到晚清时期也随着清王朝的没落而走向衰落，但一些学者仍致力于古典文献的诠释和古代史实的考据，并取得了较高的学术成就。如果说清代早期和乾嘉时期的朴学推崇古文经，则晚清的朴学则转而注重今文经，并且从纯学术的研究中挣脱出来，开始大胆地将考据与议政、改良的社会现实结合起来，寻求解救社会危机的方案，形成新的探求“微言大义”的义理学派。其主要代表人物有龚自珍、魏源、康有为等。专以学术研究见长的学者主要有俞樾和孙诒让，之后有章炳麟和王国维。

## 二、清代思想界

清代是我国封建社会剧烈动荡和变革的时期，阶级矛盾和民族矛盾都十分尖锐复杂。随着资本主义萌芽的出现与“西学东渐”近代思想、科技等的传入，大大拓宽了人们的视野，为思想界注入了新的血液，带来了新的活力，在意识形态领域造就了一批具有唯物主义思想的理论家和强烈民族意识及民主色彩的学者和斗士。他们对封建专制统治以及封建的纲常礼教持怀疑批判的态度，提倡个性解放、平等、自由，使中国沉闷的思想界发生了翻天覆地的变化。

### 1. 明末清初具有启蒙意义的进步思想

明末清初，国内阶级矛盾和民族矛盾异常激烈，政治风云瞬息万变，社会动荡，从而推动了思想领域的斗争，涌现了黄宗羲、顾炎武、王夫之等人为代表的一代杰出思想家，他们虽背景各异，然都提倡经世致用，形成一股唯物主义进步思潮。

黄宗羲的政治和历史学思想。黄宗羲（1610—1695），字太冲，号南雷，又号梨洲，浙江余姚人。他生活在明末清初的多事之秋。其父黄尊素是东林名流，被宦官魏忠贤所害，这促使了他青年时代便投身到反对阉党的斗争中去。清兵入关后，他在浙东组织“世忠营”进行抗清斗争，并追随南明王朝。抗清失败后，感到复明无望，乃隐居家乡，不同清廷合作，著述终生。他精于历法、地理、数学以及版本目录之学，并将其所得运用于治史实践、辨析史事真伪、订正史籍得失，多有卓见，影响及于整个清代。他一生著述大致依史学、经学、地理、律历、数学、诗文杂著为类，多至50余种，近千卷。主要著作有《明儒学案》《宋元学案》《明夷待访录》《今水经》《大统历推法》《四明山志》等。

黄宗羲的哲学思想比较复杂。一方面，在宇宙本体论上，他基本上坚持气一元论的唯物主义观点。他认为气是宇宙间唯一的实体存在，“通天地，亘古今，无非一气而已”。在理气关系上承认气是第一性，理是第二性的。他说：“气一本也”，“无气则无理”“理为气之理”。他反对程朱理学把理作为独立存在的实体，认为理只是气运行变化的条理，只存在于气中。但另一方面，在心物关系上，则倾向于王守仁的心学，持唯心主义观点。他说：“人受天之气以生，只有一心而已”；“在天为气者，在人为心，在天为理者，在人为性”。把气与心、理与性等同起来，混淆了心同气的原则界限，得出了“心即气”的错误结论，把心作为世界的本原。黄宗羲哲学上的这种深刻矛盾，表明他既已走上了冲破理学的道路，却又无力摆脱理学的羁绊。这是时代对哲学家影响的结果。

黄宗羲的主要贡献在政治学和历史学方面。他对中国思想史的最大贡献和他思想的最精彩之处，是他对封建君主专制所进行的尖锐批判，以及在批判中表现出来的近代民主思想的萌芽。首先，他认为君主专制是国家的最大祸害，他在《明夷待访录·原君》中指出“为天下之大害者，君而已矣”，专制的君主“屠毒天下之肝脑，离散天下之子女，以博我一人之产业”，“敲剥天下之骨髓，离散天下之子女，以奉我一人之淫乐”，“以天下之利尽归于己，以天下之害尽归于人”。这样的君主专制制度怎能不成为天下的祸害呢？他反对君为臣纲的说教，主张“以天下为主，以君为客”。臣应该是“为天下，非为君也；为万民，非为一姓也”。君、臣对天下万民的事要共同负责。他反对君把臣作为奴仆，也反对臣对君尽愚忠。因为“天子之所是，未必是；天子之所非，未必非也”，所以，“盖天下之治乱，不在一姓之兴亡，而在万民之忧乐”。这是难能可贵的“民本”思想的觉醒与发展，是对历史兴衰更替教训的总结和深刻阐释。

其次，黄宗羲还提出了实行法治和加强学校舆论的监督来限制君权的思想。这种软硬兼施、双管齐下的办法，确实能起到珠联璧合的效果，对积弊深重的封建王朝无疑是一剂起死回生的良方。黄宗羲提出“有法治而后有治人”的主张。在他看来，国家要先有“法治”，尔后才会有“治人”。他认为“法”有“一家之法”和“天下之法”的区别，认为“三代以上之法”是为天下立的，而封建专制主义的“三代以下之法”只是为君主“一己而立”，呼吁废除“一家之法”，恢复“天下之法”。

在批判封建专制主义的基础上，黄宗羲还提出应提高宰相的职权以分君主的权势。尤其是让学校议政。希望能公其是非于学校，不能完全以君主个人的是非为是非。黄宗羲所设想的学校，有议政的职能和监督的作用，有近似议会的性质。这在当时具有进步的意义和启蒙的作用，反映了处于初期资本主义萌芽时期工商业市民要求通过立法分享政治权利的呼声。

再次，黄宗羲在经济上明确提出“工商皆本”的主张，反对传统的以农为本、以工商为末的陈旧观点。认为工商与农业一样，是关系国计民生的大事，应该受到同样的重视和保护。这样的呐喊有利于商品经济和资本主义萌芽的发展，有助于推进中国近代文明的历程。

黄宗羲的史学思想着眼于通经致用，不尚空谈，注重实践，讲究气节，以经学为根底、以史学为经世之具。在治学态度上比较严谨，不凭传闻。他的《明儒学案》，总结了明代近300年的思想发展，是我国第一部巨大而较有系统的学术思想著作，以后，他的弟子万斯同和稍晚的全祖望、章学诚等都接受了黄宗羲的影响，形成了以史学研究为特色的浙东学派。

顾炎武的学术成就。顾炎武（1613—1682），字宁人，号亭林，江苏昆山人。顾炎武为明朝科举秀才，对明末时政弊端有所抨击，有操守，有气节，不苟合于世。1645年，清兵南下，陷昆山，他参加了抗清武装斗争。明亡时，其母王氏绝食而死，留下遗言，嘱咐后人勿事异姓。抗清失败后，顾炎武遍游大江南北，志在匡复明室，至死不仕清朝。主要著作有《日知录》《天下郡国利病书》《音学五书》等近50种。顾炎武学识渊博，在经学、史学、音韵、小学、金石考古、方志舆地以及诗文诸学上，都有较深造诣。

顾炎武“以明道救世”为治学宗旨，树起“经学即理学”的旗帜，力图扭转明末士大夫空疏、腐败的学风。由此决定了他治学方法为注重调查研究、广求证据、提倡独创，反对剽窃。这在当时的思想界激起了很大的波澜。在治学上，他不喜空谈心性，反对“游谈无根”，提倡研究学问，重在经世致用，是清代朴学的导师，对清代学术思想的发展影响巨大。

在政治上，他也抨击君主专制制度，提倡“众治”，与黄宗羲的政治主张相呼应，引起思想界的极大震动。他所说的“众治”，主要是扩大地方权力，减少君主对地方政务的过多干预。顾炎武的特色之处还在于他将封建社会中的“亡国”与“亡天下”作了区别。他认为，前者是指“异姓改号”，后者是指仁义丧失，以至“率兽食人，人将相食”。在此认识的基础上，顾炎武提出了“保国”与“保天下”的不同。“保国”是其君臣肉食者谋划的事情，普通人无须介入；而保天下，却是匹夫有责，应该是人人关心。

王夫之的哲学思想。王夫之（1619—1692），字而农，号姜斋，湖南衡阳人。晚年居衡阳的石船山，学者称船山先生。明亡之际，曾在衡山举兵起义，阻击清军南下。后隐伏深山，刻苦研究，勤恳著述近40年。学术成就很大，对天文、历法、数学、地理学都有所研究，尤精于经学、史学、文学。主要著作有《思问录内外篇》《黄书》《读通鉴论》等，后人辑为《船山遗书》100余卷。

王夫之的杰出贡献，在于通过对宋明至清主观唯心主义的批判，建立了超越前人的唯物主义体系，将中国哲学发展到了一个更高的水平。他明确肯定客观世界是由“气”这种物质构成的，指出“阴阳二气充满太虚，此外更无它物”。从这一命题出发，他认为“气”是第一性的，他说“气者，理之依也”,“理”是从属于“气”的。“理”，指的是事物的内在联系、必然趋势，也就是事物的内在规律，离开物质的“气”，也就不存在“理”。精神是由物质产生的，离开物质，精神就不存了。从而批判了陆、王“心外无物”和程、朱“理在气先”的唯心主义观点。

在认识论上，王夫之认为人的认识来源于实践，是对客观世界存在的主观反应，“天下固有五色，而辨之者人人不殊；天下固有五声，而审之者古今不忒”。认识来源于实践，但不能代替实践，实践对认识具有决定性的作用，“行可兼知，而知不可兼行”，就是这个道理。

王夫之还丰富发展了古代对立统一的辩证思想。他认为事物都处在对立统一之中，都在不停息地运动变化着。这世界上阴阳是“两相倚而不离”，没有阴就没有阳，同样，没有阳也就没有阴。还说，静是相对的、暂时的；动是绝对的、经常的。并用对立统一的观点来解释社会历史，认为社会也是在不断地发生着变化，吐旧纳新，是其“推故而别致其新”。在动荡变幻的岁月，王夫之正视现实社会的诸多变化，要求革新政治，反对君主专制，提出均田地以安天下的主张。

王夫之的哲学思想是对我国古代朴素唯物主义思想的一个总结和发展，在我国古代哲学史上有着突出的地位。

### 2. 清前期在朴学影响下的清代思想界

随着清朝统治的稳定，统治者一面大兴文字狱，加强思想钳制，同时又大力提倡整理考订古典文献，以转移人们的反清视线。在这种背景下，学者们自然多忌避。在黄宗羲、顾炎武、王夫之三大思想家的同时或稍后，也出现了一批思想家，他们的影响不如前者大，但在历史上也都占有一定的地位。这些思想家是傅山、吕留良、唐甄、颜元、李塨等。

傅山（1607—1684），字青主，别号颇多，如侨山、公它等，号朱衣道人、观化翁等，山西阳曲（今太原）人。他是一位刚直不阿、具有民族气节的学者。崇祯年间曾以一介布衣发动诸生数十人上书，为山西提学袁氏讼冤，勇挫阉宦权奸，使袁氏得以昭雪，傅也因而名震朝野。明亡后，又与顾炎武等人秘密从事反清活动，并曾被捕。在狱中“抗词不屈，绝食数日，几死”。康熙十八年（1679 年），朝廷开设博学鸿词科，傅山时已 72 岁，地方官逼其进京应试，他称病不去。官吏竟然强行带其入京，到都门外 30 里，傅山死也不入城。后清廷免试，特封“中书舍人”放还，他既不谢恩，亦不接受，出京时，送行者为之塞途，其性情志节可见一斑。

在学术思想上，傅山反对视儒家为正统，其他学说为异端的说法，而将它与诸子百家一样看待，甚至对儒家、特别是唐宋以后的儒家多有贬词，自己还公开以“异端”自命。清军入关明王朝灭亡后，傅山一反清初一般学者以经学为中心的研究，独辟研究子学的途径，冲破宋明以来重理学的羁绊，开拓了新的学术研究领域，成为清之后研治诸子的开山鼻祖。

傅山除研究诸子百家外，在诗、文、书、画诸方面，也造诣颇深，又懂医术，内科、妇科、儿科、外科，科科均有很高的技术。傅山一生著述颇丰，可惜所著书籍大都散失，只存书名和篇名，留存于世的仅《霜红龛集》等少数而已。

李颙（1627—1705），字中孚，号二曲，学者称之为二曲先生，陕西盩厔人。他是一个贫寒人家的子弟，没有家学与师承，全靠自己学习磨炼而成名。由于名声很大，清廷屡次诱其出仕，但均遭拒绝。一次，康熙帝西巡，欲召见他，他借口有病死不从命。其气节、操守也让康熙帝叹服，只好赏予“志操高洁”的匾额和亲笔诗幅而去。

李颙在哲学上信奉陆九渊、王阳明一派的主观唯心主义，他把“良知良能”的心性看成是人人生来具有的“本体”，基于这种思想，他在认识论上极力教人通过闭目静坐去认识这个“本体”。他说：“水澄则珠自现，心澄则性自朗，故必以静坐为基”。不过，对于陆九渊、王阳明两派学说的异同，他没有门户之见，而主张取舍其间，相互补充。他说：“陆之教人，一洗支离锢蔽之陋，在儒中最为儆切……朱之教人，循循有序……中正平实，极便初学。……若中先入之言，抑彼取此，亦未可谓善学也。”

李颙在治学上重视实学，相关的议论也非常多。他认为学术的变化是由于救时而来，客观上反对了道学家争执的统绪，提倡“明体适用”。关于何为“体”，何为“用”？他解释说：“如‘明道存心以为体，经世宰物以为用’，则体为真体，用为实用……苟内不足以明道存心，外不足以经世宰物，则体为虚体，用为无用”。也就是说，人们除了内省于心、认识“本体”外，还要达之于外，解决实际问题，“开物成物，康济群生”。

在社会经济方面，李颙关心农民的土地问题，这与他自身的境遇应该说不无关系。他曾说：“先王画井分疆之时，可以因丁授田。后世则田非井授，地各有主，富者田连阡陌，贫者苦无立锥，虽欲制田，无田可制，无产赤丁，亦何从而得有常产乎？惟有清核豪霸隐占之田，俵给就近农民，募垦荒田，量给牛种，许为永业”。他的这一主张，反映了农民千百年来对土地的热切渴望。虽然在当时的条件下，还只是一种美好的憧憬，是一种不可能实现的改良思想，但对一个封建知识分子来说，已属难能可贵。

吕留良（1629—1683），又名光轮，字用晦，号晚村，浙江崇德（今浙江桐乡）人。暮年削发为僧，名耐可，字不昧，号何求老人。其著述由门人辑为《四书语录》《四书讲义》《吕用晦文集》等。后人曾编有《吕晚村文集》《吕晚村诗集》等。

吕留良是明清之际的思想家，少年时代，他结社乡里研习文武，纵论古今天下大事。明亡清兴更迭之际，他散财结客抗击清军，流亡山中图谋复明。曾结识黄宗羲等人，相互究治为学处世之道，探讨治乱之源。处世坚守民族气节。清康熙年间，他誓死拒绝博学鸿儒之荐，削发为僧。在其死后40余年，因受反清案的牵连，于1732年被剖棺戮尸，著述被焚，子孙及门人等或同遭戮尸，或惨死屠刀，或流徙为奴。罹难之酷烈，为清代文字狱之首。

吕留良在学术思想上尊奉朱熹的学说，对于王阳明则极力指斥。在宣传朱熹学说时，特别强调“夷夏之防”，借此发挥其反对清朝民族压迫的思想。吕留良认为，朱子以后，圣人之道几近湮没，邪说异端泛滥流行，败坏世道人心，以至国家灭亡。王守仁心学的泛滥，形成了空谈心性的疏陋学风，实是导致明清更迭的祸乱根源。故他指出“王守仁，皆朱子之罪人，孔子之贼也”。基于对空谈亡国教训的认识，吕留良强调指出，“救正之道，必从朱子”。吕留良的尊朱辟王的思想旨在救正人心风俗。他实乃以崇正学、救人心而成名，这也奠定了他在清前期学术史上的地位。他是清初穷治乱之源、正世道人心的重要启蒙思想家，其思想及活动对清代的社会文化均产生了深远影响。

唐甄（1630—1704），初名大陶，后改名甄，字铸万，号圃亭，四川达州人。晚年定居苏州府城，曾经商，最后破产，后坐馆授徒、著书卖文。经济窘迫，家徒四壁。康熙四十三年，作为一个落魄文人，离开了人间。其主要著作有《潜书》《毛诗传笺合义》等。不过，他的著作也大多散失，今天能够看到的完整书籍也就《潜书》一种而已。《潜书》97篇，原名《衡书》，据他自己说，是积30年而成。

唐甄有一系列进步的政治、经济思想。唐甄和黄宗羲有相同的地方，即攻击封建制度是特别露骨的。他把帝王与盗贼相提并论，在当时无疑是大胆至极的政论。他说，"自秦以来，凡为帝王者皆贼也"，"杀一人而取其匹布斗粟，犹谓之贼；杀天下之人而尽有其布粟之富，而反不谓之贼乎！"他认为，帝王的天堂是用老百姓的白骨和眼泪构筑起来的，他甚至以为把统治天下的封建君主，在他的审判之下送上断头台，还不足以偿还血债。唐甄虽然痛骂君主制度，但没有明确主张君主制度应当革除，只是要求通过抑制其过尊的权势，克服君主专制制度的弊病。其途径是重视人民的言论自由和上下信息的沟通来实现。他说："天下有天下之智，一州有一州之智，一郡一邑有一郡一邑之智，所言皆可用也。我有好，不即人之所好；我有恶，不即人之所恶；众欲不可拂也。以天下之言谋事，何事不宜？以天下之欲行事，何事不达？""人君之尊，如在天上，与帝同体。公卿大臣罕得进见，变色失容，不敢仰视，跪拜应对，不得比于严家之仆隶。于斯之时，虽有善鸣者，不得闻于九天；虽有善烛者，不得照于九渊。臣日益疏，智日益蔽……龙逢、比干不能谏，而国亡矣。"

因此“位在十人之上者，必处十人之下；位在百人之上者，必处百人之下；位在天下之上者，必处天下之下。古之贤君，不必大臣，匹夫匹妇皆不敢陵；不必师傅，郎官博士皆可受教；不必圣贤，闾里父兄皆可访治”。唐甄的这种想法，代表了近代城市平民希望参与政治、蒙眬追求民主的心声和对人权平等的憧憬。

经济思想上，唐甄不满贫富悬殊的社会现实，也反对封建统治者对人民敲骨吸髓的超经济剥削。他说：“天下之大害莫如贪……彼为吏者，星列于天下，日夜猎人之财。所获既多，则有陵己者负箧而去……转亡，转取，如填壑谷，不可满也……民之毒于贪吏者，无所逃于天地之间。是以数十年以来，富室空虚，中产沦亡；穷民无所为赖”。在痛斥超经济的“虐取”同时，他主张国家采用自由放任的政策，即所谓“因其自然之利而无以扰之”，以实现他的“富民”理想。他讲到：“立国之道无他，惟在于富……夫富在编民，不在府库。”为了“富民”，他认为在发展农业的同时，必须重视工商业，这反映了清代逐渐恢复发展的手工业、商业和资本主义萌芽的需要，有利于生产的发展，具有时代的意义。

唐甄的学旨是对王守仁学派的继承，但他反对空谈心性，不讲事功，这也是对王学局限的一种超越。他说：“车取其载物，舟取其涉川，贤取其救民。不可载者，不如无车；不可涉者，不如无舟；不能救民者，不如无贤。”

这种把学术与现实需要紧密联结在一起的治学态度，实是难能可贵。

颜元、李塨的反理学思想。

颜元（1635—1704），字浑然，号习斋，河北省博野县人。教书、行医一生，主要著作有《四存篇》《四书正误》《朱子语类评》《习斋记余》等。

颜元反对宋明唯心主义的态度是坚决的。他反对朱学也反对王学，是17世纪中国思想界中很独特的一位。他在当时启蒙的人物中，对于理学的批判，比黄宗羲、顾炎武、王夫之更加彻底，毫无保留。他反对宋明理学家的“理在气先”说，认为天下没有“无理之气”，也没有“无气之理”，提出了“气即理之气，理即气之理”的理气一元的唯物主义观点。“理”并不是永恒存在的先天道德，而是具体事物的道理、条理。因此，理在事中，决不能离开事物去求理。用理、气统一，物质性的气决定精神性的理这一唯物主义的一元论，从根本上批判了“理在气先”的唯心主义“天理”论。

颜元的认识论也闪耀着超越前人的光彩。他对宋明理学家的先验论予以大力抨击。他指责陆王心学的“悟道”之功，有如镜花水月，虚幻无根，是自欺欺人而已。针对陆氏的“主静”之说，颜元提出了“主动”的口号。他反对读书静坐、闭门修养的风气，而特别注重“行”，注重“实践”。批评朱熹“千余年来，率天下入故纸堆中，耕尽身心气力，作弱人、病人、无用人者，皆晦庵为之”。说“吾辈只向习行上做工夫，不可向语言文字上着力”，“人之为学，心中思想，口内谈论，尽有百千义理，不如身上行一理之为实也”。这在理论和实践上都具有进步意义。

李塨（1659—1733），字刚主，号恕谷，河北蠡县人。著作有《大学辨业》《瘳忘编》等多种。

李塨是颜元学术的宣传者，他交游南北，力使颜元学术见闻于当时的朝野。因此他们二人被称为颜李学派或四存学派。李塨的思想与颜元相比，有若干发展，也有不同之处。李塨的著作如“宗庙”“郊社”“田赋”的考辨，《论语》《周易》的传注，已经和颜元有了距离，走进了考据学的狭路。因此，他在学问范围上有对于颜元的补充，而在研究方法上和认识论上则违背师说，脱离了师门的实证精神，成为颜元所谓的书生之见。李塨在认识论上，虽然赞同颜元的认识离不开实践，但却主张知先行后，他讲到：“不知不能行，不行不可谓真知。故《中庸》谓‘道不行，由于不明，道不明，由于不行’。如适燕京者，不知路向北往，如何到燕京？至燕京行熟，则知其路方真。然究是二事，究是知在行先，如问燕京路是问，行燕京路是行，《中庸》：‘好学近知，力行近仁。’知之一，行之一，明分为二事，是也。必先问清路，然后可行。”他不但把真理的标准歪曲，而且把人类认识的历史发展也歪曲了，这比颜元的认识论大为逊色。

总之，李塨的学术是有矛盾的。一方面，他继承和发展了其老师颜元的学术思想，另一方面，又表现出某些保守和退步。

戴震（1724—1777），字东原，安徽休宁人。清朝著名的思想家和考据学家。他出身于小商人家庭，青年时做过商贩，后以教书为业。主要著作有《孟子字义疏证》《原善》等。

戴震是18世纪我国一位富有战斗精神的唯物主义哲学家。他批判了理学的“理在气先”“理是气的主宰”的唯心主义观点，认为客观世界是由物质性的“气”组成的，而物质又是不断按着它的规律变化发展的，这就是“道”。在认识论上，他肯定了物质世界是人们感觉的来源，“耳目鼻口之官接于物，而心通其则”，有力地批驳了理学家颠倒思维与存在关系的唯心论。

戴震思想的精彩之处是，反对理学家将天理与人欲对立起来，认为“理存于欲”，欲望是人与生俱来的，犹如吃饭、穿衣是人人都需要，是合情合理的。理学家们“存天理灭人欲”之说，无异于“以理杀人”，从而揭穿了理学吃人的本质，也是对封建礼教最强烈的抗议。

### 3. 道、咸时期资产阶级新文化的萌芽

中国近代文化或资产阶级新文化的兴起，是伴随着西方殖民主义者的枪炮而来的。鸦片战争引起了中国社会的

转折，也引起了中国文化的转折。鸦片战争的失败，使中国近代的先进分子面对现实，更加深刻地认识到了封建清王朝的腐败与封建文化对中国发展的阻碍，于是以民族忧患意识和开放意识相表里，以“中学为体，西学为用”为基本特征的中国资产阶级新文化出现了。主要代表有：

龚自珍（1792—1841），又名巩祚，字璱人，号定盦，浙江仁和（今杭州）人。

龚自珍的思想中心是他的社会批判论，首先当然是对当时封建专制统治的大胆揭露。他认为当时的社会已经是病入膏肓了，贪污、剥削、因袭、混乱现象相当严重，而封建统治者们不思救治，却只怕人不服从，用各种专制的罗网束缚人们的手脚，使得人们只有无所作为，只有束手待毙。他认为这是一个大乱将起的衰世。果不出所料，在他身后不久，就发生了鸦片战争、太平天国运动，封建统治处于风雨飘摇之中。龚自珍不仅看到了社会的黑暗，而且清醒地预见到了变革时代的必将到来。为了救治这“衰世”，龚自珍一再呼吁“更法”“变通”“改革”，还大声疾呼“我劝天公重抖擞，不拘一格降人才”，表达了他强烈的改革愿望。

面对西方资本主义侵略势力的日益逼近，龚自珍坚决主张抗击。道光十八年（1838年），当林则徐奉命前往广州查禁鸦片时，他还专门写文相赠，鼓励林则徐坚决禁烟，并为其抵御外侮出谋划策。这表现了他高度的爱国热情，也表现了他高过一般地主官僚的政治眼光。龚自珍是作为近代改良主义思想家的先驱而在中国历史上占有一席之地的。

魏源（1794—1857），原名远达，字默深，湖南邵阳人。嘉道之时，清朝已入衰世，魏源以天下为己任，讲求经世之学，力图以此谋求国富民强，从而成为晚清学术的开风气者。魏源的文化思想主要有二：

首先，面临危机四伏、即将土崩瓦解的清朝廷，响亮地提出了社会改革的主张。魏源的改革主张主要集中于国内实政方面。他以清朝“四大计”漕、盐、河、兵为改革重点，就如何消除弊端、疏通经济秩序、增加收入、节约开支等提出了切实可行的改革建议。另一方面，还提出整顿士风吏习，培养人才，反对封建世袭的用人制度，鼓励人才竞争，用人之长，避人之短。要求朝廷广开言路，听取各方不同意见。

其次，竖起了向西方学习的大旗。鸦片战争及其失败，震动和刺激了中国当时的知识界。魏源在编撰《海国图志》的过程中，发展了林则徐的思想，明确提出“师夷之长技以制夷”。“师夷”就是学习外国的长处，“制夷”就是抵御外国的侵略。学习外国先进的科学技术，当务之急是学习各国军事技术上的一些长处，如战舰、火器、养兵练兵之法。魏源也以极大的热情介绍和评价资本主义国家的民主政治，表明了他对民主政治的仰慕和向往。魏源还主张在严禁鸦片的同时，与西洋各国进行平等的商品贸易，并将外国的一些著作翻译介绍到中国来。

魏源作为一个时代之交的杰出人物，在中国近代史上占有相当重要的地位，他既勇于对现实进行尖刻的揭露和鞭挞，又能在批判的基础上，为呼唤未来提出积极的建设性的改革主张。他提出了近代中国第一个完整的、影响深远的口号“师夷之长技以制夷”。他的思想理论给当时的中国人以一种新希望的力量，启发了后来的中国先进分子继续向西方寻求救国救民的真理。

### 4. 同、光时期资产阶级文化的形成与发展

1895 年，中日甲午战争的失败，宣告了“中体西用”路线的破产。极大的社会动荡和刺激、迫在眉睫的亡国灭种之祸，促使人们去思考，去探索。康有为的变法图强、孙中山的革命学说，成为这个时期的政治潮流。政治浪潮的影响，推动了文化的发展。在这个阶段，资产阶级文化表现出空前的繁荣与活跃，向西方学习从“器物”层面转到了“制度”层面，从“坚船利炮”转到了进化论、民主、平等等思想观念上来了。其主要代表有：

康有为（1858—1927)，原名祖诒，字广厦，号长素，广东南海（今广州）人。由于他诞生在南海，世人尊称他“康南海”和“南海先生”。

康有为是 19 世纪后期中国政治学术界一个突出的思

想家和活动家。康有为出身于仕宦家庭。他早年重视经世致用之学，后来在龚自珍、魏源等“今文派”经学和西方资产阶级“新学”的影响下，不断讲学、著书，寻求中国积贫积弱的根源，构想中国致富致强的方案。

1895年《马关条约》签订后，康有为以“公车上书”为政治起点，与梁启超等人一起创办《万国公报》，建立强学会，发行《强学报》，为维新变法制造舆论。1898年与梁启超等人发动戊戌变法运动。在维新变法期间，康有为迭上奏折，起草诏令，对政治、经济、军事、文教等方面提出改革建议，与谭嗣同等全力策划新政，期望按照西方资本主义国家模式改变中国的国家制度和社会制度，挽救民族危亡。9月21日，慈禧太后发动政变，通缉康有为，变法失败。康有为逃亡海外。其后，他思想日趋保守，反对孙中山领导的民主革命。

康有为的文学成就主要是诗歌创作。其诗歌想象奇特，辞采瑰丽，具有浓郁的浪漫主义特色。代表诗篇《出都留别诸公》五首，对国家危亡的命运表现得十分关切，意气豪迈。其政论文打破传统古文程式，汪洋恣肆，开梁启超“新文体”的先路。主要著作有《新学伪经考》《孔子改制考》《大同书》《康南海先生诗集》等。

梁启超（1873—1929），字卓如，号任公、饮冰子，别署饮冰室主人，广东新会人。17岁中举，后从师于康有为，接受康有为的思想学说并由此走上改良维新的道路，被时人合称“康梁”，是资产阶级改良运动的宣传家。戊戌时期，梁启超无论在政治上还是学术思想上，都是康有为的追随者。他笔锋犀利，在同顽固派的论战中，在自己主办的《时务报》上提出一系列变法主张，成为中国近代思想解放大潮中当之无愧的斗士，是改良派的中坚。梁启超一生在政治主张上“流质多变”：戊戌时期，他主张“君主立宪”；流亡日本初期，又闪现出“民主共和”的思想；1903 年他游美归来后，又主张在中国实行“开明专制”；后随着清廷“新政”的推行，他又再次举起“君主立宪”的大旗。

梁启超是中国现代化变革的先驱，同时也打上了那个时代保守的烙印，他的“保守性与进取性常交战于胸中”。在中西文化问题上，他试图调和中西，寻求一种新的综合，从而未能走出文化折中主义的困境。

梁启超还是近代文学革命运动的理论倡导者。他提出“诗界革命”和“小说界革命”的口号，创造出一种“新文体”，这种文体用语通俗自由，平易畅达，分析透彻，条理清楚，运用一连串比喻、排比等修辞手法，行文一泻千里，文章呈现出大气磅礴的风格，笔端常带感情，极富鼓动性，“对于读者，别具一种魔力”。“新文体”成为 19 世纪末、20 世纪初模仿者最多的文体，足见梁启超文风影响之大。

## 三、清代宗教

清代一般民间的宗教，仍以佛道为主，回教徒仍然维持其信仰，而基督教则有较大的发展。

### 1. 佛教

佛教是世界三大宗教之一，它起源于公元前 6 至前 5 世纪的印度（相当于我国的春秋时代），却兴盛于东亚和东南亚各国。佛教传入中国大致是在西汉末年。不过，传入中国的佛教，已经与印度本土的佛教有很大的不同，它与中国原有的意识形态相结合，成为具有新特点的中国化佛教。佛教在中国又发展分裂为许多宗派，适应着不同阶级、不同职业、不同水平的人的信仰。从佛教在中国发展的历史来看，可分为自西汉传入中国至魏晋南北朝时的前期、发展鼎盛的隋唐时期和两宋以后的逐渐衰落时期。

中国佛教是与封建社会的盛衰相适应的。清朝廷对佛教采取利用与限制相结合的政策。从政治方面利用，从经济方面限制。

佛教在清代受到统治者的保护，这是因为佛教与所有宗教一样，可以用来麻痹人们的精神。宗教的基本宗旨是要人们服从上帝已经安排好了的现实生活，要求人们忍受人生中的一切苦难。它引导人们通过对上帝的信仰和修身、修心，去追求虚幻天国的永恒快乐，或换取来世的终身幸福，从而削弱人们的反封建斗争的意志。这在一定程度上有利于封建统治的巩固和封建秩序的稳定。另一方面，失去生活条件的贫苦百姓，把寄身寺庙当成谋生的一个出路，虽摆脱不了饥寒，但也算暂时得到了一种安置。乾隆皇帝曾经说过："彼为僧为道，亦不过营生之一术耳。穷老孤独，多赖以存活。其劝善戒恶，化导愚顽，亦不无小补。"清朝皇帝多与僧人相交往。清顺治帝曾先后召憨璞性聪、玉林通琇等入内廷说法，并分别赐号。一般认为，顺治帝在宠妃董鄂氏死后，曾考虑过弃位出家。康熙皇帝在外出巡，多住名山巨刹，为之题字撰碑。雍正皇帝也多与佛教徒往来，甚至自称"圆明居士"，选编语录，俨然以禅门宗匠自居。

由于统治者对佛教的尊重，民间信仰佛教之风气也日盛一日，及至乾隆晚年，中国僧众已达40万人。咸丰时太平天国信仰耶稣，排斥佛教，寺庙僧侣大受摧残，尤以江南为甚。太平天国失败后，地方上下纷纷重建寺宇，于是佛教又盛。虽然清代的庙宇僧侣很盛，但对佛教经义的研究并不发达，所以是正统佛学的衰微时期。

清廷对佛教既尊重又整顿。佛教无限制地发展，对封建统治者也不利。过多的劳动力进入空门，封建政权剥削的对象也会随之减少，寺院上层兼并土地、发展寺院经济，也会加剧土地集中的程度，激化社会矛盾。一些触犯了封建法律的人，往往以藏身寺庙作为逃避惩罚的手段。所以，在利用的同时，又必须对之加以限制，以免其发展到失去控制的地步。

清朝限制佛教的办法主要有：其一，设置僧官。在京设置僧录司，有“正、副掌印”各一人，下设左右善世、阐教、讲经、觉义各二人；各府、州、县各设僧纲、僧正、僧会各一人，“由该地方官拣选，具结详报督抚，由督抚咨部派劄补授，年终汇报吏部。其钦记由该省布政司发给”。全国佛教严密控制在僧官手中；而僧官也没有什么特别的权力，只是执行世俗政务的工具。其二，《大清律例》还规定，不许私建或增置寺院，不许私度僧尼，严格执行出家条件，严厉制裁淫乱僧尼等。

清代的佛教与以往一样，仍是教派林立。其中最兴盛的是禅宗，其次是净土宗，再次是天台、华严、律宗、法相等宗，各派皆有著名僧人，或著述立说，或大量授徒，在佛教史上占有一定地位。

### 2. 藏传佛教——喇嘛教

喇嘛教起源于佛教，公元 7 世纪，吐蕃赞普松赞干布在他的两个妻子的影响下，信奉了佛教。外来佛教在与西藏原有的本教长期相互影响、相互斗争的过程中，形成了带有强烈地方色彩的西藏佛教，人们习惯称之为喇嘛教。喇嘛教在漫长的发展过程中，形成了许多教派，如红教、花教、白教和黄教，其中黄教势力最大，信徒最多。喇嘛教的真正崛起，是在元朝建立后，在元朝统治者和西藏地方统治者的扶植下逐步形成的。由于元朝统治阶级的扶植，上层喇嘛开始掌握政权，并将该教传入蒙古族等地区。到了清代则完全掌握了西藏的政教大权。它是政教合一的封建农奴制的意识形态和思想基础。

喇嘛是藏语“上师”的音译。喇嘛教以西藏为中心，信众广及藏、蒙、满等族。17 世纪初，喇嘛教已传至关外。清太宗（皇太极）开始与西藏达赖喇嘛五世（罗桑嘉措）建立关系，互致问候。入关不久，顺治帝遣使去西藏问候达赖、班禅，达赖和班禅也派人到北京朝贺。顺治九年（1652 年），达赖五世率领班禅代表应请入京，清廷封达赖为“西天大善自在佛所领天下释教普通瓦赤喇怛喇达赖喇嘛”，有意让他成为藏蒙两地喇嘛教的领袖。由此达赖取得藏传佛教各派总首领的地位。当西藏上层为争夺六世达赖职位而斗争不已的时候，康熙五十二年（1713 年），遣使封五世班禅罗桑耶歇为“班禅额尔德尼”，为喇嘛教树立另一领袖，以便分权统治。1720 年，清廷派兵两路进藏，册封格桑嘉措为达赖六世。这样，达赖和班禅两大活佛转世系统，正式被清廷确认。

清王朝对藏传佛教的支持，是其整个统治政策的组成部分。入关之前，清统治者采用满、蒙联合的手段对付明王朝。入关以后，为了巩固统治，清帝室根据满、蒙、藏民族相似的文化、宗教、历史背景，力图用喇嘛教激发他们共同的思想感情，并通过喇嘛上层控制边疆地区。

在清王室的扶植下，喇嘛教在全国，特别是在蒙、藏和三北地区有相当大的发展。

### 3. 萨满教

萨满教是一种原始的多神教。萨满一词最早出现在南宋历史文献《三朝北盟会编》中，它是女真语，意指巫师一类的人。萨满教发端于原始氏族制社会。广义的萨满教流行区域集中在亚洲北部和中部，乃至欧洲北部、北美、南美和非洲。狭义的萨满教为阿尔泰语系（如维吾尔、哈萨克、蒙古等）民族所信仰，曾广泛流传于我国北方诸民族。其信仰主要是万物有灵论、祖先崇拜和自然崇拜。萨满教的基本特点是没有成文的经典，没有宗教组织和特定的创始人，没有固定的庙宇教堂，没有专门的神职人员，也没有统一、规范化的宗教仪礼。巫师的职位常在本部落氏族中靠口传身受世代嬗递。萨满教的主要活动是跳神，所用法器有神案、腰铃、铜镜、抓鼓、鼓鞭等。

满族在漫长的历史时期内信仰萨满教。清朝定鼎中原入主北京后，对原属于满族民间信仰的萨满文化并没有随之放弃。上至宫廷、王公大臣，下至普通满族，也都遵守着旧俗，祭天和祭神。乾隆十二年（1747 年），“上谕”管理内务府事的和硕亲王允禄等大臣，总办、承修、监造、监绘、誊录《满洲祭神祭天典礼》，使满族民间的萨满信仰系统化和典礼化，在清宫仪礼中永久保存。清代宫廷的萨满祭祀一直延续到清末。不过，清代宫廷萨满祭祀作为典礼仪式，严格限制在宫廷、堂子和宗室各姓家中，汉族官员和普通百姓并不参加。从中我们可以了解到，即使在清兵入关后，萨满教也只是在满族人中流行。宗教作为巩固中央统治的手段，清朝统治者利用更多的则是佛教、喇嘛教等。

4. 道教

道教是我国土生土长的宗教，形成于东汉时期，绵延至今已2000多年。它初创于四川，后来逐渐流行于大江南北、长城内外，不仅为广大民众所信奉，而且渗入统治阶层，一度为封建皇帝、达官贵人所器重。道教在发展演变中形成两大主要宗派：全真道和正一道。

道教信仰的核心是“道”。“道”原指人走的道，从它的原意又引申出规则、规矩以及自然界的确定不移的法则、规律、原理等。在《道德经》里，“道”被视为超时空的永恒存在，是天地万物的根源。道教相信“道”是可以由修炼而得到的。人修道、得道，就可以变为神，成为仙。

明朝中叶以后，由于道教所宣扬的长生不死与肉体飞升成仙的理论在长期的社会实践中不易应验，不如佛教那种不可捉摸的生死轮回，可以把人带到虚幻的世界，让人产生希望的悬念；同时由于当时道教和民间秘密宗教、秘密社会的关系密切，所以清朝的统治者采取重佛抑道的政策，对道教严加防范，以防其“蛊惑愚众”。顺治要求正一道“不得惑乱愚民”，对全真道在北京的阐教活动予以支持。康熙认为长生之术久不见效，于世道无补，求方药是愚蠢的，但还是对正一道首领照例行封赐。雍正提倡三教各有所长，缺一不可，故对道教的功用也给予肯定，优礼天师后嗣及龙虎山道士娄近垣。从乾隆起，清廷对道教活动的限制日趋严格，道教的地位不断下降，组织发展基本停滞，教理教义毫无创新。乾隆将正一道的组织发展限制在江西龙虎山，禁止到其他地方传道授箓，又将正一真人的品秩由二品降至五品，道光时更下令停止正一真人上京朝觐，正一道与统治者的关系被隔绝。但在民间，正一道活动还在进行，对民众生活的影响还是有的，并向边远地区和少数民族中传播。伴随着华人向海外的移民，台港及东南亚都能发现道教的踪迹。

5. 民间宗教

在宗教的发展史上，民间宗教常不为封建国家所认同，甚至被误认为邪教，但是民间宗教流行于民间，成为庶民百姓苦难时的精神寄托，这是民间宗教长久存在的社会功能。清代民间宗教也大多遭到统治者的禁止，因而处于秘密流传的状态，但传布的范围却很广泛。民间宗教的基本信众为社会的劳动阶层，他们长年深受统治者政治和经济的压迫，幻想依靠神灵的庇护，得到精神的解脱。广大民众组织起来，很容易形成一股力量，因而为主政者所忌惮，这是民间宗教不被国家所包容的主要原因。民间宗教名目繁多，不下数十百种，比较常见的有八卦教、天理教、清水教、一炷香离卦教、先天教、长生教、青莲教、罗教、无为教、圆教、大同教等。

民间教派林立，且名称也可随意更改。各派相互之间有的渊源不同，有的渊源相同而在教义上或仪式上有所差别，有的各个方面均无差别而只是互为别名或支派。从总的情况来看，各教派的信仰和组织等并无太大的差异，并且相互吸收、相互混同的趋向极为明显。民间宗教的信仰，没有统一的组织、教义、仪式，经常和一般现实生活的需求相互混合。它源于基层社会民众的需求，也同时反映了平民百姓的心灵世界，糅合了佛教的净土思想、道教的符咒仙术、儒家的人伦纲常、阴阳五行的宿命观念，乃至祖先鬼灵崇拜，以及许多地方性巫术与泛灵信仰。

民间宗教的基本群众是农民、手工业者、矿工、水手和城市贫民等，也有若干差役、胥吏、下层知识分子，以及个别从统治阶级中分化出来的人物。各教派传教者乔装成医生、卜卦者、商人等身份，传法授徒。一般教徒入教须有介绍人一至三人不等，并要经过入教的仪式。教徒还必须向首领交纳会费，称为“种福钱”“香火钱”等，首领的花销也靠这些会费来支付，教派的活动经费和教徒间的相互接济费用也从中开支。

教徒们诵读的经卷内容大量抄袭了佛、道、儒三家的经典和思想。一般来说，当时的民间宗教都宣称，从宇宙开创到最后，要经历三个时期。这三个时期，有的称为青阳、红阳和白阳，有的称为龙华初会、二会和三会，分别代表过去、现在和将来。第一、第二时期要发生若干次劫变，尤其是第二期，而第三时期则是经过无数次劫变后的理想世界。劫变的主要内容是风、水、火、刀兵、饥馑等天灾人祸，如经卷《末劫真经》中对末劫灾难骇人的描述：“但看申酉戌亥年，有饭无人吃，有衣无人穿，有路无人走，有屋无人住，有田无人耕。至五六月间，恶蛇满地。八九月恶人死尽，尸堆满地。有人改恶从善者，不愁十劫之数耳。一愁水火劫，二愁烟火绝灭，三愁昏迷死，四愁夫妻拆散，五愁恶蛇咬人，六愁尸堆满地，七愁刀兵劫杀，八愁昼夜作寒，九愁有家送与别人，十愁不见太平年。路上死人无数，一万之中死九千。恶劫到了，天下五谷少收成。恶风暴雨，恶龙横行，众生有灾。还有米价大涨，白银一两，买米五升。……壬戌瘟疫起，癸亥止。人民九死一生。又言人民大难，一遭风劫，二遭火劫，三遭水劫，四遭刀兵劫，五遭伤痨劫，六遭雷火劫，七遭蛇咬劫，八遭难产劫，九遭饥饿劫，十遭人民绝灭劫。”无疑，宗教的苦难是现实苦难的一面镜子，经卷中所描述的人间劫难，即所谓的末劫之灾，可以说是现实生活中天灾人祸在民间宗教领域的曲折反映。事实上，在赈灾体系极不完备且吏治腐败的乡土社会中，每发生一次灾祸，特别是重大灾祸，都会伴随着不同形式、不同规模、不同程度的求神拜佛行为，人们试图借助于这种方式以消弭灾难，而民间宗教正是在此基础上，成功地将现实的灾难抽象并转化为宗教的劫变或劫灾说。而生民为了逃劫，就需皈依教派。

灾难是不可避免的，但人们还是可以想办法减轻或逃过灾难的毁灭性打击的，这又多少带给人们一种安慰和希望。有些民间宗教还有明确的“反清复明”思想，如清茶门教宣传，“清朝以（已）尽，四正文佛，落在王门。胡人尽，何人登基，日月复来，属大明，牛八原来是土星”。这使它更便于充当反清斗争的工具。不过，由于民间宗教没有一贯的彻底明确的政治纲领，因此，靠民间宗教把反清起义进行到底是不可能的，而且民间宗教的某些消极思想对起义也有不利的影响。民间宗教还往往被野心家所利用，成为其争权夺利的工具。

# 第五章　文学艺术和史学

## 一、小　　说

清代文学领域，成就最辉煌的是小说。最著名的有曹雪芹的《红楼梦》、蒲松龄的《聊斋志异》和吴敬梓的《儒林外史》。

### 1.《红楼梦》

《红楼梦》是我国文学史上最优秀的一部古典小说。作者曹雪芹，名霑，字梦阮，生于 1715 年至 1724 年间（康熙五十四年至雍正二年），卒于 1762 年或 1763 年（乾隆二十七年或二十八年）。

《红楼梦》展现了一个封建贵族大家庭的兴衰过程，深刻地表现了封建社会、封建文化走向没落的必然命运。贯穿《红楼梦》的一条主线是贾宝玉和林黛玉的爱情悲剧。他们的爱情是建立在反封建传统的共同思想基础上的，这个爱情悲剧本身具有深刻的社会意义。围绕着这条主线，作者以情韵深致的诗情画笔，塑造了众多栩栩如生的人物形象，并以他们的生活和悲剧命运，表现了一个社会一个时代的悲剧。宝黛的爱情悲剧更成为中国文学史上的千古绝唱。《红楼梦》展现了丰繁复杂的家庭生活和社会生活，人们将其誉为“封建社会的百科全书”。

《红楼梦》原名《石头记》，曹雪芹仅仅留下了前 80 回，后 40 回为高鹗续作。高鹗的续书，完成了贾宝玉、林黛玉的爱情悲剧，使故事首尾完整，便于流传。但是，后 40 回的思想性和艺术性都远远不如前 80 回，特别是宝玉中举和贾家“兰桂齐芳”“家道复初”，更是严重地违背了曹雪芹的原意。

《红楼梦》在继承中国古代小说艺术传统的基础上，有了很大的创造和发展，达到了我国古典小说前所未有的高峰。就题材内容而言，《红楼梦》是中国小说史上继《金瓶梅》之后一部伟大的世情小说。它将人情世态寓于粉迹脂痕，把世情小说的创作推向最高峰，标志着中国古代小说的艺术水准迈上了一个新台阶。在其之后，一些狭邪小说、鸳鸯蝴蝶派小说都曾模仿其笔法，现代、当代作家中受其沾溉者也为数不少。《红楼梦》也充分显示出长篇小说表现现实生活的巨大的能力和容量。它在小说艺术和小说美学方面所达到的高妙境界，更令后世作家望尘莫及。鲁迅先生说：“自有《红楼梦》出来以后，传统的思想和写法都打破了。"《红楼梦》以其杰出的现实主义创作成就，为当时和后世的艺术创作提供了丰富的经验，以它为题材的诗词、戏剧、曲艺、影视、绘画、舞蹈、雕塑等作品，举不胜举。《红楼梦》还流播海外，成为世界文学艺术宝库中的瑰宝奇葩。

2.《聊斋志异》

清代文言小说在明代传奇复苏的基础上更进一步，获得了巨大成功。清代初年，蒲松龄的《聊斋志异》是其中的代表作。

蒲松龄自称该书是"孤愤之书"，其中，花妖狐魅，幽鬼神灵，都是有所"寄托"的。《聊斋志异》的题材非常广泛。作者以现实生活为基础，吸取了魏晋唐宋元明以来文言小说创作的丰富艺术经验，用传奇的手法志怪志异，用浪漫的笔法谈鬼写狐，创作了许多情节曲折、形象生动、具有社会意义的优秀作品，一定程度上揭露和抨击了封建社会的丑恶现实，大大拓展了文言小说的叙事功能与表现功能，成为文言小说发展史上前无古人后无来者的艺术典范。正是由于《聊斋志异》在思想上和艺术上的卓越成就，两百多年来，一直为人民所喜爱。由于阶级和历史的局限，《聊斋志异》中也有一些消极落后的东西，如宣扬封建的伦理信条和因果报应等，在一定程度上削弱了作品的思想光辉。

### 3.《儒林外史》

《儒林外史》作者吴敬梓（1701—1754），字敏轩，安徽全椒人。《儒林外史》是一部杰出的讽刺小说，是作者清醒地观察现实，如实地揭露生活中矛盾的杰出作品。

《儒林外史》通过对儒林文士生活和精神状态的现实主义描写，绘制出一轴色彩斑斓的士林人物长卷。它以功名富贵和文行出处为中心，站在俯视整个封建文化的高度，对科举制度统治下的儒林群像和儒林心态作了深刻的剖析。通过对儒林群丑的描绘，对科举制度及其影响下的社会风气进行了猛烈的抨击，反映了封建社会末期政治腐败和文化道德的堕落。它既是一部儒林丑史，又是一部儒林痛史。不仅如此，作者还提出了儒林群体的命运这一历史的课题，孜孜不倦地探求儒林的真正出路。因此小说的思想内容可大致分为两个部分：一是对科举制度的严峻批判；二是对理想人生的热切追求。《儒林外史》在揭露浮沉在科举场中的文人名士官僚乡绅种种丑态的同时，把一些“市井小民”作为正面人物来描写，赞美他们高尚的品质和纯洁的灵魂，表现了作者的理想。

《儒林外史》批判现实的精神和讽刺夸张的手法，对后世小说影响深远。清末揭露封建统治腐败、斥责帝国主义侵略的“谴责小说”，深受其影响。

### 4.《镜花缘》

《镜花缘》是《红楼梦》之后出现的一部优秀小说。作者李汝珍（约1763—约1830），直隶大兴（今北京市人）。曾做过河南县丞，学问渊博。《镜花缘》有100回，是他晚年的作品。在《镜花缘》中，作者通过唐敖、林之洋、多九公等人游历海外诸国的见闻，描写自己的社会理想，抨击封建社会的黑暗，表现了进步的倾向。但《镜花缘》在思想上没有完全摆脱封建思想的束缚，在艺术上有炫耀学识、忽视人物塑造的缺陷。

### 5. 其他章回小说

在20世纪初期的小说创作高潮中，出现了一批深刻揭露封建统治和社会弊病的谴责小说。其中以李伯元的《官场现形记》、吴沃尧的《二十年目睹之怪现状》、刘鹗《老残游记》、曾朴的《孽海花》最享盛名，号称晚清四大著名谴责小说。这类小说的共同之处是：站在资产阶级的改良主义立场，无情地揭露、鞭挞封建官场和社会的各种病态，但又对清朝最高统治者抱有幻想，对帝国主义侵略的本质认识不清；严厉谴责社会弊端，却提不出解决社会问题的根本办法。

总之，清代是中国小说史的黄金时代，这一时代产生的小说，题材广泛，风格流派多样，质量上乘，个性鲜明，与明代小说承中有变，以《红楼梦》为代表的若干优秀作品达到了中国古典小说同时也是中国古典文学的顶峰。

## 二、诗歌、散文、辞赋

### 1. 诗歌

清代诗歌提倡兼学唐宋诗歌的长处，转益多师，取径较广，在继承的基础上不断创新，风格多样，流派林立，在数量及总体成就上都超元轶明，号称中国古典诗歌的中兴，而清初顺康雍三朝则是清诗最繁荣的时期。

按照诗人们的政治态度，清初诗人可以分为两类。一类是忠于明室、始终不屈服于清统治者的“遗民”诗人，以顾炎武、吴嘉纪、屈大均、陈恭尹为代表，总函可、沈钦圻、方以智、徐夜、杜濬之属，合钱秉镫、陈瑚、陆圻、毛先舒、魏禧之徒，人数之众，作品之丰，是历史上任何一个王朝结束之后都未曾有过的。他们以坚贞不二的品格，不为威屈，不为利诱，永远成为后世的楷模。在他们的作品里，故国沧桑之感，秋风禾黍之思，也使后人感慨系之。他们抒写家国之痛，张扬民族气节，关注民生疾苦，铸就了一代诗史。另一类是出仕清朝的诗人，以钱谦益、吴伟业和龚鼎孳为代表，人称“江左三大家”。

钱谦益是当时诗坛领袖，对于明清诗风的转变起了关键作用。钱谦益特别推崇杜甫“别裁伪体亲风雅，转益多师是汝师”的说法，他主张不只是师法汉魏盛唐，也要向盛唐以后的优秀诗人学习；认为诗歌艺术是发展的，“运世迁流，风雅代替”，不会停滞不前。反对模拟剽窃，也反对肤浅或枯涩，主张“别裁伪体，转益多师”，肯定艺术上的“新新不停，生生相续”，主张“有为而作”，构成钱谦益诗论的整体。

钱谦益本人的创作能够在广宽的层面上继承前人的传统，能糅合唐宋，承杜甫韩愈李商隐苏黄而一之；特别能比较深刻地切入现实，形成自己的风格，开有清一代诗风。入清之前，钱谦益已在诗坛驰骋四十余年，他最好的诗是崇祯之末反映社会动乱、自身荣辱之作。入清以后，他投降而又反清，处境艰危，经历沧桑，矛盾激烈，他的诗艺也因而更进一竿。经历乱离之作，或沉郁苍凉，或奇博宏肆，得力于杜诗者尤为突出。钱诗诸体兼备，而以七律最为擅长。晚年所写七绝小诗，语言洗练而意象深沉。

吴伟业的文章得过崇祯皇帝所作“正大博雅，足式诡靡”的评价，这在封建社会是莫大的荣耀。明亡之后，他和友人相约隐居林下。但后来被迫进京，在翰林院里待了三年。吴伟业自觉出仕异姓，并因此而遗恨终生。

吴伟业反对模拟，他自己的创作虽唐意盎然，但自具个性。吴伟业是清初最有才华的诗人，诸体都有名作，最擅长七言歌行，“梅村体”在叙事诗中独具一格，风行一代。吴伟业入清时35岁，正当盛年，创作精力旺盛。他亲历明室覆亡这场天翻地覆的变故，将所历所闻的事和人，写成精彩的叙事长诗。所作《松山哀》《临江参军》《雁门尚书行》《楚两生行》《听女道士下玉京弹琴歌》《永和宫词》《鸳湖曲》，特别是名作《圆圆曲》等篇，成为明清易代之际的诗史。

康熙年间，随着清初六大家的出现，真正的第一代清诗人走上诗坛。他们大多成长或出生于清朝，大多在新朝应举仕进，同时在地域上呈现南北对峙、遥相呼应的局面。“国朝六家”中，施闰章和宋琬年辈最早，并称“南施北宋”。施长于五言，风格温和，涉及民生疾苦；宋则擅写七言，诗风雄健，偏重个人境遇的描写和自我情感的抒发。比他们稍后的是王士禛和朱彝尊，并称“南朱北王”。王士禛标榜神韵，继钱谦益之后主盟诗坛数十年，影响最大；朱彝尊早年诗作内容充实，多为唐调，后来转而学宋，以学力、才藻见长，为清诗中的浙派领袖。并称为“南查北赵”的查慎行、赵执信可以说是朱、王对应关系的延续。就社会关系来说，查是朱彝尊的表弟，赵则是王士禛的甥婿。就诗学观点而言，查慎行在朱彝尊学宋的基础上公开标举宋诗，以苏轼、陆游为效法对象，气求调畅，词务清新，在清初学宋诗人中成就最高；赵执信则对王士禛的诗学理论不以为然，主张取法晚唐，自写性情，诗思清新峭拔，有时也伤于刻露。

清代中期，伴随着对诗歌艺术的探索，诗人们提出了各种不同的理论主张，并由此形成了若干流派，诗歌创作进入多元发展的局面。此期首先产生较大影响的是沈德潜的格调说，沈氏以起衰复古自命，宗唐而黜宋，欲使诗歌回归古典审美规范。与沈氏同时活跃于诗坛的厉鹗，则延续了查慎行标举宋诗的方向，他是当时浙派的盟主，长于山水游览之作，好用僻典，风格幽洁生涩，惜乏大家气象。另一推崇宋诗的诗人是翁方纲，以倡导肌理之说而闻名，受时代学风的熏染，他论诗注重义理、考据。在诗论主张上，与格调、肌理针锋相对的是袁枚的性灵说，袁枚在乾隆诗坛最具影响力，开创了清诗创作的新格局。与袁枚并称“乾隆三大家”的赵翼、蒋士铨，持论和袁氏相近，但创作风格却各自成家。赵翼崇性灵，重创新，其诗议论精辟，思想敏锐，风趣诙谐中间杂雄奇豪放之气，有鲜明的个性；蒋士铨诗的突出主题在表彰忠孝节义，思想较为陈腐，但抒写人伦情感深挚动人，独具感染力。郑燮、黄景仁则在诸派之外，自成一格，郑燮论诗提倡真气、真意、真趣，注重诗歌的现实性和社会性，许多诗篇感时书事，直写民间疾苦，可谓是盛世诗文的别调；黄景仁好作幽苦语，抒写自己身处太平之世的落寞穷愁，成为展示封建社会后期知识分子命运和心态的典型范本，同时也写出个人对社会变迁的忧患，吐露了某种对盛极衰来之危机的天才预感，奏响了封建末世的哀音。

晚清时期在诗文形式方面也打破了固有的框束，借以表达冲决传统的意识和更新僵滞的文学观念。代表人物有龚自珍、魏源、林则徐、张际亮、张维屏等，他们的作品关注现实，充满生气，形成进步主流。

甲午战后，梁启超、夏曾佑、谭嗣同等人提出“诗界革命”的口号，提倡写诗用新名词，写新内容，反对因袭古人。黄遵宪则是这一运动中从理论到实践成就突出的诗人。他的《哀旅顺》《哭威海》《台湾行》等叙事诗，语句通俗，充满爱国激情。他们追求新意境、新语言、新风格，尽管有些直露、简单、强作的缺点，但毕竟推动了诗歌的革新，也有助于整个社会文学观念的进步。随着改良主义运动的失败，“诗界革命”也偃旗息鼓了。1909 年，资产阶级文学团体——南社成立后，集中了一批爱国青年文人，他们以上海为中心，从事诗歌的创作与评论。主要作家有柳亚子、陈去病、高旭、苏曼殊、马君武等。

### 2. 散文

清代散文上承秦汉唐宋，蔚为大观。与前代相比，清代散文作者辈出，作品似海，作品题材广泛、表现形式丰富多彩，文情并美的佳作也成百上千，在中国散文史上，是繁荣昌盛、具有突出成就的时期之一。清末编成的《国朝文汇》收作者 1356 家，收文 1 万余篇，可谓洋洋大观，但所收也仅仅是清文的一小部分。

清末著名学者黄人认为：清初文人大都怀有爱国激情，“其文云雷郁勃，风涛轩怒，震国民之耳鼓，至今渊渊作响”。对于康、乾、嘉时期的学风、文风，黄人更加欣赏，认为“康雍之文醇而肆，乾、嘉之文博而精。与古为新，无美不具”。而道、咸期间，由于“争桑弄兵，四寓多故，男儿多健，志士苦心”，所以此时散文也“激昂峭厉”。黄人的评价是很有见地的。

清代散文的一个重要特点是言之有物，注重实用。清初作家以散文见称者有顾炎武、黄宗羲、王夫之、侯方域、魏禧、汪琬等人。他们提倡“经世致用”，与现实社会保持了比较密切的联系，因而创作了一大批言之有物的优秀散文。其中黄宗羲、顾炎武、王夫之等人的作品具有学人气息，以学术修养为根底，以政论、史论见长，无不风骨遒上，表现出强烈的时代精神；侯方域、魏禧、汪琬等人的作品具有文人特征，以唐宋古文为取资，以传记文学为优，文风各具特色，表现出较高的艺术价值。

清代散文还十分讲求技法，重视美文。清代关于散文创作的专论、专著之多，研究之精之细，远远超过前代。专著如黄宗羲的《论文管见》、魏际瑞的《伯子论文》、魏禧的《日录论文》、刘大櫆的《论文偶记》等，不下数十种，专论更是多如牛毛。清代大量文学散文的出现，是散文作家艺术追求的结果。清代以抒情、描写为主的文学传记大量出现，包括传、行状、逸事、碑文等。清代传记散文描写生动、形象鲜明，文学色彩很浓。顾炎武的《吴同初行状》，侯方域的《马伶传》《李姬传》，魏禧的《大铁椎传》《卖酒者传》，戴名世的《画网巾先生传》《杨维岳传》，方苞的《左忠毅公逸事》，全祖望的《阳曲傅先生事略》，等等，人物形象无不栩栩如生。此外，以抒情、描写为主的游记、写景文章也取得了很大成绩。清代许多散文家，常以山水为寄托，运用文学的方法画山摹水，抒怀写志。魏禧的《翠微峰记》、朱彝尊的《游晋祠记》、戴名世的《大龙湫记》、姚鼐的《登泰山记》、恽敬的《游庐山记》、吴敏树的《君山月夜泛记》，都堪称游记中的精品。清代散文家，不仅用散体古文记游、写景，也用骈文记胜写景。这也是清代散文家对骈文应用的一个发展，与清人喜欢抒情描写的创作风气有重要关系。

清代学术空气很浓，多数散文作者都学有根底。因而形成了清代散文重视义理、考据、文章相结合的特征。顾炎武、王夫之的论说和笔记文，朱彝尊、刘大櫆的游记文，魏禧、汪琬、汪中等的记胜及写景文，戴名世、龚自珍等的杂文，黄宗羲、全祖望的史论及传记文，方苞、姚鼐的学术及记事文，在这方面都有突出表现。

清代散文繁荣还体现在发展了不同的流派。有古文与骈文之争，有汉学考据与文章家之争，有清代影响最大、延续最长的一个散文流派——桐城派。桐城派中影响较大的可以举出数十家。方苞、姚鼐、梅曾亮、曾国藩、戴名世、刘大櫆等都是大家，他们创作了一批有物有序、文情并美的散文作品，并且比较系统地总结了中国古代散文的创作经验，完善了散文创作理论。方苞主张作文的目的在于通经明道。他提出了“古文义法”，“义以为经，而法纬之，然后为成体之文”，强调内容与形式相统一的文学理论。另外，刘大櫆的“神气”论，姚鼐的风格论、文体论、文章要素论等，对于丰富和发展散文的创作理论，都有重要贡献。经刘大櫆到姚鼐，桐城派的文学理论更加系统化。此外，桐城派作品讲求雅洁自然、有物有序、声音色彩等等，其精髓就是“雅洁”，语言、立意、用事、结构等都要求“澄清无滓”“雅而有训”。

桐城派从康熙年间创立，直到晚清还非常活跃，几乎与清朝国运相始终。嘉庆年间，恽敬、张惠言自立门户，开创阳湖派，他们既承认桐城派的正宗地位，又不满其束缚过严而欲有所突破，文风以博雅放纵取胜，是一支别开生面的生力军，但影响远不及桐城派深广。当然，桐城派尊奉程朱，提倡“助流政教”，其保守的一面是明显的，在散文创作方面也有其局限。

为宣传资产阶级改良思想，维新派倡导散文革命即“文界革命”。代表人物梁启超积极倡导文体改良，他的政论性文章，文体半文半白，平易畅达，笔锋常带感情，鼓动性和说服力极强。号称“新文体”“新民体”，又称“时务文体”，风靡全国，取代了传统的旧体散文。

章炳麟既反对桐城派，又反对散文改革和新文体，而崇尚魏晋文体，主张复古。他的政论散文充满民主革命的精神，亦为时人所称道。

3. 辞赋

辞赋是融合儒林与文学、介乎诗文之间的文体。清代辞赋经历了骚、散、骈、律、文赋以后，体式变化虽已穷尽，但辞赋堪称中兴。清代辞赋主要在四个方面有变革。

一是从各体赋中剥离最典型特质，加以充分表现。如用大赋应制，富丽如《甘泉赋》《上林赋》，而旨归于醇正，强化其润色鸿业的功能。对于律赋，由于它在清代科举中占据一定位置，从而引起人们的关注。清人以唐律为典范，但在用韵上，则与唐代不同，必依次用足官韵，其句法也更为谨肃整饬。二是兼容历代赋艺，泛入旁体，不拘常格，其中以用古赋作律赋为主要倾向。由于科举的原因，清代人们对律赋较为关注。如乾隆二十三年（1758年）沈德潜应邀为诸生选试帖赋，其《国朝赋楷·序》云：“律者，如师之有纪，官之有令，步伐章程一定而无可易者也。”王芑孙长期为华亭教谕，他认为：“读赋必从《文选》、《唐文粹》始，而作赋则当自律赋始，以此约束其心思，而坚整其笔力，声律对偶之间，既规重而矩叠，亦绳直而衡平。”清人在指导辞赋创作时，多称许以古赋为律赋者。如李调元《赋话》云：唐元稹《郊天日五色祥云赋》（以题为韵），其起句云“臣奉某日诏书曰：唯元祀月正之三日，将有事于南郊”，中云“于是载笔氏书百辟之词曰”“象胥氏译四夷之歌曰”，后云“帝用愀然曰”，皆以古赋为律赋。三是以经史学术入赋。清代最早的学术赋是徐乾学的《经史赋》。雍、乾之际，全祖望的《鲒埼亭集》《鲒埼亭集外编》共收赋25首，并创“赋跋体”。阮元辞赋亦佳，对辞赋的影响尤其表现在：创立诂经精舍、学海学堂，形成了辞赋创作群体，提倡写以经诂为底蕴的辞赋。清末“新学”兴起，辞赋也很快加以表现，“专取新学，其题目皆按时事”。如唐家丰《实学赋》、郭丰正《税赋》等。四是以散文、股文法为赋。如皮锡瑞《韩昌黎平淮西碑赋》是以古文入赋的范例。光绪十四年（1888年）鸿宝斋主人辑《赋海大观》，收集清赋约15000余首，大都为颂扬清朝德政之作。

## 三、戏　曲

中国的戏曲，历史悠久，种类繁多。清代戏曲进一步发展，产生了戏剧理论家李渔和优秀的剧作家洪昇、孔尚任等。

### 1. 戏曲作家和戏剧理论家

李渔（1611—1680），字笠鸿，浙江兰溪人，他写过许多作品，并自蓄家伎，到处演出。在总结前人和自己的经验基础上，写成了他的戏剧理论著作《闲情偶寄》。李渔的戏剧理论包括创作和演出两个部分。关于戏剧创作，他提出了“密针线”“减头绪”，要有“照应”、有“埋伏”，使剧本成为一个有机的整体。在塑造人物方面，他主张要写出人物个性。在语言方面，他主张通俗易懂，重视演出效果。

洪昇（1645—1704），字昉思，浙江钱塘人。其代表作为《长生殿》。作者以现实主义和浪漫主义相结合的手法，把传说和历史融合在一起，围绕着李隆基与杨贵妃之间的爱情故事，展现了安史之乱前后尖锐复杂的阶级矛盾、民族矛盾以及统治阶级的内部矛盾。一方面赞美李、杨之间生死不渝的爱情，一方面揭露和批判了封建帝王豪华生活给人民带来的严重苦难，使这个传统题材具有了丰富的社会内容，在思想和艺术上取得了超越前人的成就。该剧轰动一时，“爱文者喜其词，知音者赏其律”。

孔尚任（1648—1718），字聘之，号东塘，山东曲阜人。孔子第六十四代孙。所作《桃花扇》以复社文人侯方域与秦淮名妓李香君的爱情故事为线索，集中反映了明末统治阶级内部的矛盾和斗争。作者把侯、李爱情故事的开展和当时的政治形势联系在一起，通过鲜明的艺术形象，再现了南明王朝的历史。该剧较准确地把握了历史真实和艺术真实的关系，是一部思想性和艺术性相统一的古典戏剧名著。

### 2. 昆曲的衰落、地方戏的兴起

昆曲又称吴音，“吴音俗名昆腔，又名低腔，以其低于弋阳也。又名水磨腔，以腔音皆清细也”。清初，昆曲受到统治阶级的青睐，《长生殿》和《桃花扇》都是昆曲。但在昆曲盛行的同时，全国各地还有地方戏。戏曲舞台上百花齐放、竞秀争妍，有所谓“南昆、北弋、东柳、西梆”之说。“昆”即昆曲；“弋”即弋阳腔，明代传到北方，清初盛行北京；“柳”指山东的柳子戏；“梆”指陕西的“梆子”，亦称“秦腔”。

最先与昆腔相抗衡的是四大声腔之一的弋阳腔。由于弋阳腔属于联曲体式，在曲牌上本与昆腔无异，故亦渐为清廷贵族喜尚。昆弋并盛，在一定程度上削弱了昆曲的独尊地位。此外，由于昆曲脱离了群众，变成了封建士大夫的消遣品，日益失去生命力。

乾隆时期，出现了“花部”和“雅部”争雄局面。“雅部”指昆曲，“花部”是各种地方戏的总称，或称“乱弹”。地方戏的曲文虽不如昆曲，但曲调优美，语言通俗，表演生动，富于生活气息。著名学者焦循评论说：“盖吴音（昆曲）繁缛，其曲虽极谐于律，而听者使未睹本文，无不茫然不知所谓”；而地方戏曲“其词质直，虽妇孺亦能解。其音慷慨，血气为之动荡”。所以“花部”在民间极受欢迎。就连地方官绅亦受其影响。兼之乾隆几度南巡，声娱乐享，各方应承，扬州跃为江南戏坛重镇，各地优伶登场献艺，客观上促进了南北戏曲交汇。而规模宏大的内廷演剧为江南戏班的入京创造了机会。伴随其他地方剧种入京，昆曲逐渐衰落。

### 3. 京剧的诞生

京剧的前身是清初流行于江南地区，以唱腔、高拨子、二黄为主的徽班。徽班与其他剧种交流渗透，并吸收了其他杂曲的特点。清乾隆五十五年（1790 年），以高良亭为首的第一个徽班进入北京，参加乾隆帝八十寿辰庆祝演出。以后不少徽班陆续进京，后世把三庆、四喜、春台、和春四班进京称为著名的“四大徽班进京”。徽班成长发展的过程，也就是它向京剧嬗变的过程。这一嬗变的完成，标志着徽汉合流和皮黄交融，形成以西皮、二黄两种腔调为主的板腔体、唱腔音乐体系，使唱、念、做、打表演体系逐步完善。清光绪二年（1876 年），在《申报》上出现“京剧”二字，京剧之名，始为确立。

清朝后期，京剧的剧目，唱腔和表演艺术不断革新，名家辈出。著名的京剧演员有总领四大徽班的程长庚，他是京剧的开山祖师。稍后的谭鑫培，融合诸剧种的长处，独树一帜，成为京剧的一代宗师。京剧成为全国广泛流行的最大剧种，被视为国粹。

## 四、绘　画

清代绘画成就在我国艺术史上有十分重要的地位，其技法造诣之精湛、师承流派之繁杂与总结著述之丰富，形成了艺术史上屈指可数的繁荣时期。

国画中的山水画在清初成就突出，代表人物有以临仿古人为主要画风的“四王”（王时敏、王鉴、王翚、王原祁）和以注重个性的表现、较有创造性的“四僧”（八大山人、石涛、弘仁、髡残）。继承“四僧”画风的以清中叶的“扬州八怪”为代表。他们多以写意见长，艺术上破除俗套，具有独创精神。晚清时期的山水画大有一蹶不振之势。比较著名的山水画家大都受清初以“四王”山水为代表的娄东、虞山两大派系的影响，拘泥于临摹古人，缺乏个性和生活气息。

国画中的花鸟与人物画，在不同的历史时期有着不同的发展。早在清前期，花鸟画曾大放异彩。风格多样，名家与名画辈出。但至19世纪中后期的道光、咸丰与同治时代一度冷落，专工花鸟画的画家不多。此类作品多为写意，以赵之琛、张熊等人较有影响。此外，居巢、居廉兄弟别具风格，自成一派而为时人所重。光宣年间，是花鸟画由沉寂走向复兴时期，其标志是“海上画派”（海派）的崛起。海派在画坛独树一帜，使冷落已久的花鸟画有了转机，大放异彩，对近代花鸟画的发展做出了较大的贡献。海上画派起于赵之谦，盛于任颐、吴昌硕，是近百年绘画发展史上有较大影响的画派。

晚清时期的人物画一直不大景气，成就不高，名家甚少。但是肖像画却盛极一时。道咸年间著名的人物画家有苏六朋、苏长春、费丹旭、任熊等人。

年画是民间岁时信仰的表现方式，其喜闻乐见的朴素题材，包含了祈福求祥、避祸驱邪的思想内容，充分表现了庶民百姓的审美情趣。清代是我国民间年画创作的高峰期，年画的生产几乎遍及中国大江南北，各地相继出现了一批木版年画的刻印和销售中心，这些产地聚集了众多的民间画师、工匠、艺人，形成了自成体系、风格各异的年画品类，满足了社会与民众的广泛需求。而且，清代年画不论是题材内容，还是表现手法，都有创新和提高。清初以来，通俗文学风行民间，像历史故事、戏文人物、传奇小说、时事风俗等，为年画的创作提供了大量素材。康熙末年，西人郎世宁入清宫如意馆为画师，受其影响，民间出现了借用明暗透视技法的年画作品，被称为“仿泰西画法”。福建泉州、广东佛山等通商口岸，每年都有大批的年画出口到东南亚一带。乾隆末年，各地戏班纷涌京城，大量戏曲题材的年画作品流行市肆，民间说唱艺术的活跃，进一步促进了年画的发展。及至晚清时期，帝国主义列强武力叩关，使中国社会陷入了半封建、半殖民地的苦难深渊，年画中则集中涌现了一批以反帝爱国思想为特征的造型构图方式，用炫目的色彩和浓重的笔墨，勾画出明快艳丽的艺术形象，因而久盛不衰。

清代宫廷画之盛与统治者对绘画艺术的大力提倡和采取相应的保护政策有关。其显著特点是纪实绘画突出，数量多，且质量高，而相比之下历史画则数量很少，没有什么出色的作品，这大概是因为清朝是由满族建立的王朝，因而更注重表现本民族的历史和人物。至于清代宫廷中的山水画和花鸟画，大都是为装饰宫廷殿堂而用的，没有太多的特色，质量亦平平。道释（宗教）画中，类似喇嘛教“唐卡”风格的作品是宫廷绘画中比较新颖的题材。乾隆时期，宫廷绘画出现了高潮。以描绘乾隆皇帝为主的纪实画相当多，而且此时正好有若干欧洲传教士画家在宫中供职，所以此类绘画一般都带有浓厚的“中西合璧”的艺术特色。

清代宫廷绘画代表性的作品有：纪实画《康熙南巡图》，共12卷，总长度超过200米，全画构图繁复，绘制精细，气势宏大，由著名山水画家王翚主笔，历时6年方告完成。另有《雍正祭先农坛图》《雍正临雍图》《乾隆朝服像》等。道释画数量也不少，存世的有郎世宁《维摩说法图》、丁观鹏《乾隆洗象图》等。还有一部分喇嘛教题材和样式的画幅，它们有喇嘛教“唐卡”画的风格和样式，图中的佛像却分明是乾隆皇帝的肖像，在宗教绘画题材作品中颇为奇特，如《乾隆扎什伦佛装像》《乾隆普宁寺佛装像》等。

## 五、音乐舞蹈

清朝初年沿用明制，设神乐观（后改为神乐署）、教坊司（后改为和声署）。清朝宫廷宴乐除主要乐舞外，还安排边疆少数民族的乐曲。

清代民间歌曲呈现出前所未有的繁荣景象。最流行的是秧歌，不只是在插秧时才唱，几乎在所有农业劳动中或农村节日中都有秧歌出现。

在边疆少数民族地区，聚会时对唱山歌之风很盛。这些歌曲常被汉族典籍称为“蛮歌”“番曲”。两广壮、瑶等族多崇奉女神“刘三妹”（或作“刘三姐”），视之为造歌之祖、音乐偶像。西北甘肃、宁夏、青海一带，则传唱一种称为“花儿”的山歌。东北地区盛行一种喜庆歌舞“莽式”。

市镇街巷流传小曲，小唱，主要由说唱艺人独立清唱，其伴奏多用细丝管弦乐器，不大用锣鼓，形式轻便灵活，内容清新活泼，体现出城镇多元求变的时尚风貌。清代知名小曲，已见《锁南枝》《山羊坡》《醉太平》《闹五更》《寄生草》等200余首。

清代乐器在前代基础上也有更新和变异。如宋元时代的拉弦乐器胡琴，经明而入清后分化衍变为二胡、大筒、二弦、粤胡、京胡、板胡、马骨胡、马头琴、坠胡、四胡等。边疆少数民族的乐器如蒙古族的马头琴，西南地区各民族共同使用的口弦、芦笙以及各种锣鼓，以其鲜明的民族特色在民俗音乐生活中作用也愈加突出。在官宦之家和军旅生活中广泛使用的唢呐，入清以来广传民间，成为百姓日常民俗活动中最常用的乐器之一。

乐器品种的纷繁发展及各种民俗音乐的需求，促使器乐演奏形式逐渐复杂、完善，吹打乐、丝竹乐等合奏音乐形式成为清朝最有代表性的乐种形式之一。在民间器乐合奏发展的同时，影响较大的还有独奏形式出现的琵琶音乐和古琴音乐。

清代舞蹈受封建统治阶级保守僵化的传统思想制约，承明代舞蹈的衰势没有得到起色而更加贫乏。

清代宫廷宴乐舞蹈带有喜庆意味，最初是由民间“莽式”歌舞升华而来。清廷最盛大的乐舞属《庆隆舞》，是满族传统舞蹈。从故宫现藏清《庆隆舞》图看，其队列整齐、规模宏大，几乎把所有音乐、舞蹈、歌唱、杂技都包括进去了，带有圣曲意味。此外还有兄弟民族及外国歌舞，如瓦尔喀部乐、朝鲜国乐、蒙古乐、回部乐、番子乐、缅甸国乐、安南国乐等具有鲜明的民族风格特色的乐舞，同唐代《十部乐》一样宣扬了国力的强盛，客观上起到了促进各种舞蹈艺术互相交流的作用。

清代民间舞蹈大多是继承前代延续而来，但更具有时新的气息。民间舞蹈中影响最大的是秧歌、花鼓，主要流行于安徽、浙江、江苏、湖南、湖北、山东、山西、陕西等地。在清代流行的民间舞蹈还有龙舞、狮舞、灯舞、扇舞、高跷、跑驴、耍旱船、霸王鞭……汉族民间舞蹈具有久远的历史，扎根于生活之中，表达了人民的意愿，清代统治者将其以风俗观之，但没有意识到应将其作为艺术精深加工而发扬光大。

戏曲舞蹈是中国传统舞蹈重要的一支。一般而言，戏曲舞蹈是与剧情结合，为塑造剧中人物性格服务的，它具有许多特点：高度程式化和人物典型化，生、旦、净、末、丑各有成套舞姿；如舞蹈动作叙事兼表意，根据人物、剧情不同各有表现手段；运用服饰和道具，吸取古典舞蹈和民间舞蹈的因素增强观赏性；等等。清代戏曲舞蹈取得了很大的成就，产生了一大批杰出的戏曲舞蹈艺术家，从而也推动了舞蹈艺术的全面发展。

节日里，群众性的舞蹈活动比较活跃。如旧历正月十五，是传统的花灯节，清代花灯节或迎神会的时候，常把多种民间技艺组织起来，成为综合性的表演队伍“走会”，有些地方叫“花会”。清代《北京走会》图，把各种精彩表演都生动地画了出来，为我们了解清代“走会”提供了宝贵的形象资料。

晚清，西方音乐舞蹈开始传入中国，裕容龄是中国近代舞蹈史上第一个学习欧美和日本舞蹈的中国人，也是唯一一个曾亲自向现代舞鼻祖伊莎多拉·邓肯学习舞蹈的中国人。

## 六、书法、篆刻、雕塑

清代前期的书法界墨守宋、明传统，重视在法帖上用功力，陈陈相因而少创新。及至清代中晚期，北朝碑刻大量出土，随后，汉魏碑志的拓本流传日广，碑学盛行，书法名家辈出，书法成就超过清代前期，“篆隶与榜书，还超过元、明两代”。

晚清书坛，篆隶诸书成就非凡，各有名家，但大都受碑学的开山祖师邓石如的影响。除篆隶之外，传统的帖学也有新的发展，也有名家涌现。何绍基融隶书笔意于行楷，康有为临魏碑而博采众家之长，在风格上均有创新。包世臣《艺舟双楫》，康有为《广艺舟双楫》，都是近代最重要的书法学著作。

金石篆刻也是中国传统文化领域中的瑰宝。尤以江浙地区最为发达繁盛，历代篆刻高手辈出，明时期就形成了浙派、皖派（又称徽派）、西泠八家和鸳湖四山等不同风格的流派。晚清时期，篆刻名家不胜枚举，尤以赵之琛、达受、吴熙载、吴咨、钱松、吴隐等人最为著称。

江浙地区不但篆刻名家辈出，还在杭州出现了以研究篆刻为宗旨的著名学术团体——西泠印社。该社由创造“聚珍版”仿宋体字的篆刻家丁辅之等人发起，成立于1904年10月，推举被当时艺术界视为元明清及于民国画、书、印界第一人的吴昌硕任社长。先后出版印学、印谱及书画等著作多种，并收藏汉碑、印章、印谱及名人书画极多，对印学的发展贡献颇多。

雕塑艺术到了清代即走上了衰退的道路。清代艺术因为诸多的原因，沿袭了明代的玩具风格、装饰风格、烦冗风格，并进一步得以发挥。随着中西艺术交流日渐繁荣，清末出现了受西方绘画技巧与造型观念影响的艺术家和绘画、雕塑作品，清代的雕塑艺术发展又出现了一线生机。

作为中国雕塑内容之一的佛教雕塑在清代日渐衰落，大规模的龛窟造像已基本停止。佛教雕塑主要集中在寺院内，如北京护国寺功课殿内的侍僧像、佛楼内的菩萨像、雍和宫内的佛像、颐和园佛香阁上的三世佛等。

清代的陵墓雕塑大多流于形式，虽然在规模及布局形式上并不比前代历朝小，但在气势上远不能与前代相比，其精神上是呆滞与平庸的，没有留下令人印象深刻的作品。

中国雕塑的两大永恒主题——宗教雕塑和陵墓雕塑到清代已趋向衰败，取而代之的便是建筑装饰雕塑和工艺小品雕塑了。

建筑雕塑主要服务于建筑。用石雕、瓷雕、砖刻、木雕、堆灰等表现形式，在影壁、门楼、柱础、柱身、门窗、梁柱、石屏、石栏杆、花台、基座、飞檐等建筑部件中起装饰、美化作用，或在建筑物内部起装饰作用。其特点一般呈现的是华丽、繁缛、堆砌。如北京北海内的七彩琉璃九龙壁，尽管色彩绚丽，场面热烈，在清代建筑装饰雕塑中属上乘，但仍嫌虚张声势，缺乏真正的内在力度。

清代的小型玩赏性雕塑及工艺装饰性雕塑是适应帝王、达官贵族的生活需要，是他们日常生活起居的摆设装饰，都是经过精心制作雕琢，大多由宫廷作坊制作。清康熙以后，在宫中设手工作坊多达 30 余处，属于雕塑艺术门类的应有玉作、牙作、木作、漆作、砚作、玻璃作等多处。这些作坊创作出来的作品完全受到宫廷艺术的影响。

同时在民间成长的工艺性、玩赏性雕塑作品，充满了泥土气息，反映了劳动人民的生活和审美情趣，具有健康朴实的美，是宫廷艺术所无法比拟的。

清代泥塑以苏州、无锡、天津三地的成就最高，影响也最大。著名的天津泥人张创作的《渔樵问答》，在清代雕塑作品中给人以耳目一新的感觉，表现出健康的生活情趣和精湛的写实技巧，具有划时代的意义。而“大小阿福”那健壮、可爱的胖娃娃形象，具有强烈的江南民间情调，有镇邪降福之意，是惠山泥塑中最具代表性的作品。

清代的玉石雕琢工艺十分发达，以雕琢小件精巧玉器为著称。现存最著名的一件白玉《桐荫仕女》，作品因材施雕的匠心和高度纯熟的技艺令人叹赏不已。清代除了玉雕外还有多种材质的雕塑，如水晶、玛瑙、琥珀、青田石等名贵材质的雕塑，还有犀角、象牙、桃核等精美绝伦的雕塑工艺品。广东佛山石湾是著名的陶雕产地。

而潮州的木雕、东阳木雕在中国近现代的雕塑史上占有一席之地，尤以家具雕刻为最佳。竹雕艺术在清代以嘉定和南京两地最负盛名。

## 七、史学盛况

清代官修正史及私家修史的风气很盛。清代官修正史有《明史》《清实录》，以及“续三通”“清三通”等。《明史》是历史上设馆修史规模最大、历时最长的一次，其体例严谨，文字精练，史料宏富，内容充实，是二十四史中较好的一部。

实录是以封建帝王为中心的编年体史书，由起居注和日历发展而成，为历代编写正史材料的主要依据。《清实录》原称《大清历朝实录》，总共 13 朝，计 1220 册。为官方史料的总汇，内容异常繁富，举凡政治设施、军事行动、经济措施、自然现象、社会情况以及帝王生活等，都有实录，并有宫廷和内阁各部的档案为依据，也有准确的时间、地点记录，史料价值高，是研究清朝历史的重要资料。

“续三通”，指《续通典》《续通志》《续文献通考》，是清乾隆年间三通馆臣奉敕为《通典》《通志》《文献通考》编修的续编。“清三通”是指《清通典》《清通志》《清文献通考》，也是乾隆年间三通馆臣奉敕编修的清朝自开国至乾隆中期170年间的典章制度史。

私家修史的风气盛行，成绩卓著者有浙东学派。浙东学派的黄宗羲、万斯同、全祖望等，专门研究明史，特别是明末史。万斯同主持编写的《明史稿》是清朝官修《明史》的蓝本。

清代史学发展的特点是地方志与边疆史的兴盛，据不完全统计，现存地方志书8300余种，其中约6000种修于清代。边疆史的研究与清代对边疆统治的加强和联系的密切有关。主要著作有图理琛的《异域录》、刘统勋的《西域图志》、松筠的《新疆识略》、何秋涛的《朔方备乘》、祁韵士的《皇朝藩部要略》、曹廷杰的《东北边防记略》等。

史论著作，影响大者有《十七史商榷》《廿二史考异》《廿二史札记》《文史通义》。

到了晚清，西方各种史学理论和方法传入中国，不仅更新了中国人治史的观念，而且产生了一批富有时代气息的历史著作。

鸦片战争前后，始于乾嘉的封建旧史学日趋衰落，地主阶级改革派史学逐步处于主导地位，他们重视当代史及域外史地（即世界史地）的研究，纷纷利用外国的历史资料编纂史志，开创了重视世界史地研究的新风气。这一时期产生的以爱国御敌为主题的历史著作，有魏源的《海国图志》、徐继畬的《瀛环志略》、梁廷楠的《夷氛闻记》、夏燮的《中西纪事》、姚莹的《康輶纪行》等。

此后，洋务派也开始注意对外国史地的研究，维新派在批判封建旧史学的基础上，提出了建立新史学的理论和方法，初步形成了资产阶级史学的新体系。在近代新史学理论和方法论的影响下，出现了一批面目一新的历史论著。夏曾佑的《最新中学中国历史教科书》（后改名《中国古代史》），采用章节体编写中国通史，在中国历史编纂学上是一大创新。王国维则采用“二重证据法”，即用古代文献资料和地下实物相印证的手段，在甲骨文、金文、古器文物、殷商周史、汉晋木简、汉魏碑刻、敦煌文献及历史地理等领域进行考证和研究，做出了卓越贡献。

辛亥革命前后，资产阶级革命派的史学兴起，出现了批判“君史”、提倡“民史”、倡导“新史学”的热潮。短短的几年中，翻译介绍西方资产阶级史学的文章《史学通论》《史学原论》《中国新史学》等相继发表。资产阶级革命派开展了对世界各国革命史的翻译，先后出版了《法国革命史》《法国革命战史》《法国革命史略》等著作。

传统史学在近代虽然趋向衰落，但由于封建正统观念的长期影响，仍保留着相当的阵地，在某些方面还取得了一些重要成果。如在史学著作方面，有王先谦的《汉书补注》、柯劭忞的《新元史》、赵尔巽等编撰的《清史稿》等。在史料工作方面，罗振玉有突出的成就，他大量搜集殷墟甲骨以及金石骨器、拓本、经籍、碑刻、墓志等，手拓临摹，精选刊布。他又保存、整理了明清内阁大库档案，对敦煌石室文物的保护也做出了贡献。王国维在史学上的许多成就，是在罗振玉研究的基础上取得的。

## 八、考　据　学

考据，又称考证，是史学研究中的一种基本方法。其工作重点是在认真审核有关历史资料真伪的基础上，罗列确实证据，对史学研究中涉及的各种问题做出符合历史本来面目的陈述，从而为人们总结历史经验、汲取历史教训提供真实而又准确的素材。考据学是清代新兴的以考据为治学的一种学科或学派，它的产生本缘于经世致用的学者的提倡，用于纠正宋明理学家只是空谈心性，而对同现实有密切联系的历史文献不做深入研究的弊端，倡导为研究现实而追溯历史。另一方面，学者们因“避席畏闻文字狱，著书都为稻粱谋”，研究现实既不可行，唯有埋头于古文献里，进行文字训诂、名物考证、古籍校勘、辨伪、辑佚等，虽与初衷已大相径庭，却成就了一代显学。因为他们尊崇、提倡汉代对经学的解释，采用汉朝儒生训诂考订的治学方法，故又称“汉学”。又因这一学派贵朴实、重证据，也称“朴学”。它源出于清初顾炎武所倡导的经世致用的实学，形成于乾嘉，衰落于道光，所以又称乾嘉学派。

考据学派是从阎若璩和胡渭开始的。阎若璩著有《古文尚书疏证》，胡渭著有《禹贡锥指》。乾嘉时，考据学派分为皖、吴两派。皖派注重文字音韵和校勘训诂，以戴震为代表。他的代表作有《声韵考》《声类表》《考工图记》等。戴门弟子段玉裁长于文字学，著有《说文解字注》。另一弟子王念孙长于校勘训诂，撰有《广雅疏证》和《读书杂志》。吴派从形容古文字入手，重视声音训诂，以求经书中的意义，但过于迷信汉儒说经。其代表惠栋著有《古文尚书考》《九经古义》《周易述》等。

考据学派对古籍的整理、考订、校勘、辨伪等工作取得了巨大的成就，代表作有：徐乾学的《通志堂经解》1781 卷，阮元的《皇清经解》1412 卷，王先谦的《续皇清经解》1315 卷，沈楙德的《昭代丛书》560 卷，武英殿本《二十二史考证》515 卷，丁谦的《蓬莱轩地理丛书》67 卷，姚振宗的《隋书经籍志考证》52 卷，俞樾的《诸子平议》50 卷、《群经平议》50 卷，孙诒让的《札迻》12 卷，姚际恒的《古今伪书考》2 卷，等等。考据学派把中国几千年来的文化典籍作了全面整理，为后人提供了大量的参考资料。

晚清时期的考据学大为衰落，但一些学者仍致力于古典文献的诠释和古代史实的考据，并取得了较高的学术成就。例如俞樾的《群经平议》《诸子平议》，孙诒让的《墨子间诂》等书，对古典文献的整理与诠释功力极深，对近代的考据学颇有影响。特别是19世纪末殷商甲骨文和敦煌莫高窟古代经卷的发现，使中国古代史，尤其是古代文化史的研究取得了突破性的进展。甲骨文早已发现，但没有引起学者的重视。光绪二十五年（1899年），王懿荣等人是最早的发现者和研究者。孙诒让的《契文举例》是考释甲骨文最早的著作。敦煌经卷是光绪二十五年发现的，原是宋朝僧人封存在莫高窟内的经卷和书籍等古代文物，是研究古代史、文学史、宗教史的珍贵资料，但被英、法、日、美等帝国主义文化侵略者大量盗往国外。

## 九、古书的整理和编纂

清代从康熙到嘉庆，出现整理旧史之风。史学家花大量精力注释、校勘、补编、辑佚旧史，取得了很大成绩。

清代前期的几个皇帝，都以“稽古右文”著称，从而推动了官府组织的辑佚活动。清廷招罗大批知识分子，大规模地搜集、编纂和注释古代典籍，属于儒家经典的四书五经，自然受重视。一大批“御纂”和“钦定”的注经作品连续出版。顺治时有御注《孝经》，康熙时有御纂《周易折中》《日讲四书解义》、钦定《诗经传说汇纂》《书经传说汇纂》《春秋传说汇纂》等，雍正时有御纂《孝经集注》，乾隆时有御纂《周易述义》《诗义折中》《春秋直解》以及钦定《周官义疏》《仪礼义疏》《礼记义疏》等。同时，私家辑佚也呈现了兴盛的局面，代表作有严可均的《全上古秦汉三国六朝文》，马国翰的《玉函山房辑佚书》等。

除辑佚以外，还进行了旧史的编订与整理。二十四史中，除《史记》《汉书》《明史》外，多不完善，清代史学家计划重修或改体编写。校勘是整理古籍和文献的重要方法，发现古书的错误进行校正。清代考据盛行，校勘成为专门的学问，旧史的校勘与辨伪成绩斐然。同时对前史缺遗，清人也多有补作。

此外，图书的编纂有大型的类书《古今图书集成》。此书由陈梦雷主持编纂，分列门类纲目，荟萃群书，从各种典籍中按类采择摘录，汇编成书，但每种书籍不是完整地著录保存。《古今图书集成》分 6 汇编，32 典，全书 10040 卷，历康熙、雍正两朝，全书才编印完竣。

在图书的编纂事业中，丛书的编修与刊刻占据着重要的地位。不仅数量众多，而且门类齐全。随着大量古籍被收入丛书和丛书编纂总量的激增，丛书目录也应运而生。其首创之作是顾修编撰的《汇刻书目》，该书的出现也反映了编修事业的繁荣和兴盛。

最大规模的编书是乾隆朝所编的《四库全书》，这是我国历史上最大的一部丛书。该书把我国古代重要的典籍首尾完整地抄录下来，分编于经、史、子、集四部 44 类之下，共收图书 3457 种，79070 卷，包罗宏大，丰富浩瀚，为我国古代思想文化遗产之总汇。《四库全书》共缮写 7 部，另有副本 1 部，正本分藏于北京宫中文渊阁、镇江文宗阁、圆明园文源阁、沈阳文溯阁、承德避暑山庄文津阁、扬州文汇阁、杭州文澜阁，副本藏于北京翰林院。在编纂过程中，纪昀等作《四库全书总目提要》，共 200 卷，对著录的 3457 种书籍以及未著录而存其目的 6766 种书籍都做了介绍和评论，简要地叙述每部书籍的内容，评论其优劣得失，探讨其学术源流和版本同异。《四库全书》在我国学术文化史占有很重要的地位。我国古代的书籍，在战乱和社会动荡之中，损失严重，清廷投入大量的人力物力，搜集全国图书，辑录已佚书籍，保存下许多有价值的古代典籍。

# 第六章　风　俗

风俗是一个地区和民族长期形成的社会风尚和民众习惯的合称。它是人类社会普遍存在而又非常独特的一种文化现象，具有地缘性、民族性、传承性、社会性和自发性的特征。作为中国封建社会的鼎盛时期、古代向近代转型期的清代，在社会风俗上独具个性特征，且在多种方式、多种渠道的内化与外播中，扩大其多元的影响。

## 一、饮食文化

“民以食为天”，饮食是中国社会生活中极为重要的内容。清代的饮食风俗总体特征可用四个字概括，即“盛”（菜系林立、风味饮食上千种、饮食文化与思想著述甚丰）、“雅”（御宴排场豪华、宫廷宴筵与祭祀食礼、食仪庄重）、“艺”（美食美味辅以美器、烹饪技艺巧）、“精”（调味之精、食疗健身精到、饮食文化思想论点精湛）。

清代饮食以粮食为主食，种类繁多。南方人多食米，北方人多食面以及玉米、高粱、薯类等杂粮，佐以各种不同风味的菜肴和酒水，并形成了风味各异的南北菜系。一般说来，南方每日三餐，北方每日两餐，富裕人家或增加点心一两次。饮食方式以共餐制为主。

遇到灾荒年景，贫苦人除了糠菜充饥外，有时不得不靠水草、树皮、树叶以至观音土填塞饥肠，度日甚为艰难。

饮料以茶、酒为主。聚落之地一般都有茶馆，是民间品茶兼娱乐、交际的场所。达官贵人在正式场合以茶示礼，主人端茶，客人便须告退，即所谓“端茶送客”。中国自古以来饮酒成风，各地名酒种类很多，以糯米、高粱、葡萄酿制的为多。调味品有盐、酱、醋、胡椒粉等。鲜果、干果、果脯是饭后茶间常见的零食。盐由政府垄断销售，清末年人均消费 13～14 斤，但贫苦家庭因无钱买盐而淡食者仍不少。

晚清时期中国虽然贫穷落后，但对饮食之讲究却从未稍减。随着生产力的提高和科学技术的进步，近代以谷粒和面粉为原料制作而成的主食，大大超过了以往，极大地丰富了人民的日常生活。副食品有蔬菜和肉类等。各地风情出产不同，在近代形成了各具特色的菜系，如京菜、川菜、淮扬菜和粤菜等。对于社会大众而言，传统的饮食结构和惯制仍然是生活的主体，但西式饮食也逐步出现并流传开来。

随着西风东渐，人们的生活观念、饮食习惯都发生了很大变化。西方饮食传入中国的也不少，基本上局限于通商城市和社会上层，吃西菜，喝汽水、啤酒是他们的时髦。西餐，中国人初称之为“番菜”，最早由传教士献艺款客和使节进贡方式传入。西洋饼、葡萄酒等西式名品开始只是在宫廷、王府和权贵之家的宴席上可以见到，鸦片战争后，西餐开始在一些口岸城市出现。到清末，许多大中城市已出现了以营利为主的“番菜馆”“面包房”“咖啡店”，不少中国餐馆也增设了西餐和“日本料理”。

## 二、衣冠服饰

清代前期服饰的特点是具有民族特色与等级差别。满族有着不同的服饰制度和传统习俗。满族入关后，强令全国人民剃发、改衣冠，使服饰发生了重大变化。到乾隆中期，最终形成了既有满族特色，又有汉族传统等级标准、系统完备的服饰制度。

清朝和历代专制的封建王朝一样，向来都把衣冠视为“立国之经”“一代昭度”，有严格的等级规定和阶级差别。黄色是皇帝的专用色，官民服装禁用黄色。皇族可用黄带子，臣下受赐黄马褂被视为殊荣。皇帝在正式场合戴皇冠，穿龙袍。清代官服胸背上的“补子”，文官绣禽，武官绣兽，官员品级除官服所绣禽兽不同外，还可以从顶戴、朝珠、腰带、蟒纹、花翎上区别开来。清代官服以蓝色最为常用，朝会、庆寿禁用灰色官服。有清一代除武官和学子的冠服接受欧化而发生根本性的变化外，其余各类几乎是抱残守缺而无变化。辛亥革命以后，随着清朝封建统治被推翻，清代官定服饰也被废除，数千年来“昭明分辨等威”的官场服饰也随即走向坟墓。

清代民间男子一般着长袍马褂，劳动者多短打装束。袍子是中式长衣的通称，北方人叫大褂，南方人称袮，较为单薄的称长衫。袍的式样和结构较为简单，有圆领、捻襟（大襟）、窄袖、扣绊，可以做成单、夹、皮、棉各种。袍色则大多为月白、湖色、枣红、雪青、蓝、灰等。马褂本是满族骑马时经常穿用的一种外褂，康乾时代，汉人穿马褂者渐多，近代便无人不服了。马褂的式样很像今天的对襟小棉袄，一般衣长齐脐，袖长及肘，四面开禊。冬季可做成皮、棉，色用宝蓝、天青、库灰等。在袍衫外面往往上身加穿马褂或马甲。可以说，“长袍马褂”乃是近代普通民众一年四季的常服，但质料依风土民情、家境贫富有所不同。传统衣料有棉、麻、丝和裘皮，近代使用洋布日多。北方男子四季戴帽，重要场合戴礼帽，平时戴便帽（即“西瓜皮帽”），劳动者一般戴毡帽或笠帽，或用帕巾裹头。南方劳动者往往盘辫代帽。近代以来，衣服之宽窄长短多变，趋向窄短。晚清服饰的历史性变革主要表现在民间服饰上。

两次鸦片战争后，欧风美雨的影响已在各个通商口岸开始显露出来。“剪发易服”的呼声日益高涨。不仅留学国外的中国学生强烈要求，国内也是“翩翩少年多有易装以炫人者”。清末民初，学生装、西服开始流行。体现女性特征的服饰主要是裙子，袍褂则用艳色。男式发式前额至中顶剃光，后脑蓄发垂辫。辛亥革命以后，这一象征满族统治的辫子才被剪去。女子幼时绾双髻或垂辫，及笄挽“蚌珠头”或螺髻，出嫁后改梳圆髻。多数女子佩戴首饰。满族妇女喜穿的“旗袍”也开始在汉族妇女中流行。

清代服饰打着王朝统治以及旧等级制度的印记，其变革必然带有政治革命色彩。同时，近代服饰的变化又是西方文化影响的结果。清末民初，服饰的政治意味逐渐被审美情趣所取代。

## 三、婚俗与葬俗

我国号称礼仪之邦，个人生活中的生养、婚嫁、丧葬、祭祀等，都有相应的仪礼。并且人相习，代相传，形成了多种多样、包罗广泛的礼仪习俗。礼俗是社会精神生活中仪式化、制度化的部分，具有较强的传承性和稳定性。某一社会的礼俗，既是前代旧俗的延续与发展，又是当代民众特有的精神状态与生活方式的反映和展示。同时，某一社会的礼俗，对该社会的物质生活和精神生活也具有一定的影响。清代也不例外。清代末年是一个政治、经济、文化剧烈变动的时代，反映在婚、葬习俗上，也是新习俗与旧习俗共存。

1. 婚俗

婚礼是标志与庆贺结婚的民俗形式。我国古代汉族人民的结婚礼俗，包括纳彩、问名、纳吉、纳征、请期、亲迎等“六礼”。这六礼是封建包办买卖婚姻的礼俗。清代从皇帝到平民，其婚俗基本遵循“六礼”，只是更加复杂热闹，使婚礼成为人生第一大喜庆。

清代皇帝结婚叫“大婚”。经过“议婚”、纳彩、大征、册迎、合卺、朝见及庆贺等步骤，完成大婚之礼。

在民间，依传统婚俗，男女结婚须经媒妁介绍，也就是俗语所说的“说媒”。然后是“相亲”。男方父母在媒人陪同下拜会女方父母，观女孩相貌举止。女方父母稍后亦可在媒人陪同下回访男家，并审看男孩及男家经济状况。相亲结果令人满意，双方就会约定婚期。下定即男女二家互通婚帖，正式订婚；男家即送重礼至女家，前后两次，名曰“小定”“大定”。女家于婚前一日收到“大定”，即送嫁妆至男家。男家收到嫁妆，新郎即于当天去女家“谢妆”。

最后是迎娶。届时，新郎有的亲自前往，有的在家迎候。这一程序中，从男家赴女家迎娶、新娘上轿启程及小轿进男家门，到新郎新娘拜堂、客人闹房、新妇回门，又有许多的仪式。例如：

用以表示喜庆和祈吉利的仪式，如新郎新娘吃长寿面、饮交杯酒、洗和气手等仪式，在举行这类仪式时，往往有人高诵相应的吉语，有的还伴有各种喜歌。有用以求神保佑和驱邪避煞的仪式，如二新人拜天地，大放鞭炮、闹洞房等。还有用以确立结婚者新的社会关系的仪式，拜见翁姑、岳父母及其他尊长，与对方家人、族人、戚友、邻好相见，这些仪式俗称分大小、序长幼、见亲、拜礼等等。此外，拜堂（在男家参拜祖宗）和庙见（到男族宗庙参拜祖宗），意即将二人的婚姻、家族成员的增加告请祖宗承认。此外，还有祈祝新娘早生子、多生子的仪式，如撒帐（撒果），北方还有吃“子孙饽饽”。

19 世纪末 20 世纪初，在一些先进的资产阶级知识分子和进步青年的呼吁与争取下，传统的结婚礼俗开始变化，虽然旧俗仍占统治地位，但是，在受西方近代文明影响较大的通商口岸及其附近一些城市中，新俗开始出现。

新式婚制的主要内容是订婚尊重男女双方的意见，征得他们的同意，婚礼仪节则从简，财用上去奢从朴，革除坐花轿、拜天地、闹洞房等陈规陋俗，模仿并直接移植了西方婚礼的一些仪式，形成新旧掺杂、“中西结合”的婚制。而且不同的地区各有其特点，时人统称为“文明结婚”。“光、宣之交，盛行文明结婚，倡于都会商埠，内地亦渐行之”。

2. 葬俗

清朝宫廷丧仪在初始阶段较为简单，按满族传统习俗为火葬。皇帝与各级官员的地位尊卑只从停灵时间长短及骨灰罐的质地上体现。

民间丧俗大体说来，葬式以土葬为主，将尸体放置棺内，埋入土中，堆土丘而成坟。富者还以砖石构筑墓室，将棺木、明器及其他殉葬品置入其中，然后堆土成坟；品官、富人棺木极为讲究，葬品繁多，形成奢靡的厚葬之风，甚至有倾家荡产而在所不惜者。丧葬礼仪，品官士庶历有定制，主要有品级、亲疏之区别。但一般都须遵循停尸、入殓、吊丧、下葬等程序，每个程序又都有一定的仪式，并掺杂着诸多的迷信、崇拜与悼念活动。例如，亲眷人等必须把死者停放在一定的地方，守尸而哭；为其沐浴、更衣、上供、燃灯、烧送纸扎轿马及纸锭冥钱以供死者阴间使用。丧主的家门门心及门框、门楣须贴白纸或悬纸幡等作为治丧的标志。由死者的亲眷近人晚辈分赴本族各家和亲戚友家报丧，并请阴阳先生择寻墓地和推算殓、葬日期，然后将死者殡殓入棺。殓后，陈设灵堂，亲眷晚辈着丧服（孝服）守灵，并接受亲友等吊祭、追悼。孝服有等级、亲疏辈分之区别，亲者着重孝服，疏者则轻服。吊祭完毕，宴待客人，然后由亲眷家人朋友送葬至墓地，并以铭旌、旗牌及鼓乐为前导，下葬封土，焚烧纸人、纸钱及纸罩等，有的还请僧道诵经。葬后三天，家人亲眷上坟设祭哭奠，称为复三。孝子须守丧三年，做官的也必须回家守制。

晚清时期，汉族人民依旧恪守千古祖传的丧葬礼俗，厚葬久丧、礼仪烦琐而长盛不衰，各地大同小异。各种愚昧的丧葬仪式和社会心理，成为晚清修铁路、开矿山和从事近代卫生事业的严重障碍。直到太平天国时期，这种颓风败俗才在局部地区受到冲击。

及至20世纪初期，旧丧葬礼俗受到民主革命派（包括无政府主义者）的深刻批判和坚决反对，成为民主革命运动反对封建专制制度和反对封建迷信的重要内容之一。在辛亥革命前后出现一些变革丧葬礼俗的现象。例如，一些富家不请僧道诵经，或减少送葬仪仗。清末还出现了开追悼会以取代旧式的吊丧祭奠仪式。在追悼会上宣读祭文和诔词，行三鞠躬礼，报告行状，家属以鞠躬礼答谢来宾，奏哀乐等。但是这种文明的丧葬礼仪在清末还不普遍。而且，还有人把传统的土阔气“改造”为舶来的洋排场。例如，广东有人把送葬的纸马纸轿改为纸糊的人力车和汽车；把送葬的吹鼓乐改为军乐队，高奏“前进，基督的士兵们”。这绝不是葬礼的文明进步，而是一场崇洋闹剧。

## 四、民俗与节日

节日是人们经济活动、社会活动和精神活动仪式化、定期化的结果。各式各样的节日，展现了社会上衣食、仪礼、信仰、娱乐的种种习俗，反映了一个民族物质、文化生活的方方面面。同时，人们的节日习俗与活动，又对整个社会生活和人际关系具有一定的影响。

汉族的节日，起源于远古时代人们的农耕和祭祀。汉族地区的节令性节日，因地域的不同、风俗各异而大同小异。经过长期的发展演变，到了清代，汉族最重要的节日有农历元旦（春节）、上元节（元宵节）、清明节、端午节、中秋节、重阳节等。此外还有些佛教节日，如四月初八日的浴佛节、七月十五的盂兰盆节（即中元节）、十二月初八日的成道节（俗称腊八节）等。中国传统历法不置休息日，名目繁多的节日，既体现了人们的精神寄托，同时也能休养体力，从事娱乐活动和社交活动。

元旦。是从夜旦子时算起的，年节活动亦从此时开始。元旦的首要任务是祀神祭祖，同时拜尊长。在亲朋互相贺岁、贺元旦、拜年时，一般要留下喝春酒；并在元旦期间相互请客吃饭，名为“年节酒”。元旦，清人尚有在北方吃水饺（又名馄饨）、南方吃元宵（汤圆）之习俗。

上元节。农历正月十五是上元节，又称元宵节、灯节，这是民间又一个隆重的节日。在北方，一般在正月十四、十五、十六日，欢庆三天。南方则持续四五天。上元节的主要活动，一为张灯结彩，二为吃元宵。除此之外，上元节亦有放烟火的习俗。上元节期间，民间吃元宵，也用元宵等食品作为“祭食”来祀神祭祖。

中秋节。亦称八月节、八月半。由于此节时，家家户户合家团聚，共赏明月，因此，也称团圆节。每年中秋拜月时，有“男不拜月，女不祭灶”的说法，故多由妇女儿童进行拜祭。人们先将月饼、瓜果供月，然后参拜。如清代浙江云和县地区，中秋节民间的习俗则为“儿童陈月饼，罗拜于庭，谓之拜月”。拜月后，家家户户一边赏月，一边品尝各种月饼、瓜果。

汉族地区的宗教与纪念性节日，在清代存在着地区差别，有的是泛地区的，如“浴佛节”；有的则因地区民间信仰的不同，而属行业性或地区性的。如“妈祖节”以及在闽、台民间的祭祀、纪念性节日，即是如此。

三月二十三日。传说“天上圣母诞辰”，俗称“妈祖生日”。此一纪念性节日的来历，在《苗栗县志》的“岁时民俗”中有载：“妈祖，以为乃福建林姓之孝女，行第六，名默娘，幼得异术。年十六，随父兄渡河，舟覆，泅水救父，因以孝称，后屡救人于水厄，望重乡里。年二十八，殁为海神，能挽船舶于倾危”。又，郁永河《海上纪略》云：“海神，惟妈祖最灵，即古天祀神也。凡海舶危难，有祷必应。”故航海者莫不祀之，有难则祷焉。

农历四月初八。民间要过浴佛节。民间传说四月初八是佛祖的生日，因此要过此节以示纪念。届时，不仅要浴佛、祭祀，而且有禁屠宰、寺院撒豆结缘、做乌饭相馈送等饮食习俗。由于满族贵族统治者重视佛教，入关前就有浴佛，入关后则仍继续实行。每年四月初八日浴佛节时，清皇宫中亦煮青豆，分赐宫女、大臣等，谓之“吃缘豆”。直至清末光绪年间，此风仍很盛行。

辛亥革命前后，随着近代社会的一些重大变化，从古代延续下来的节日风俗在城镇也开始有了一些变化。城镇民众以投递帖、片示意贺年的多了起来。人们的节日活动，有从繁到简的趋势。

## 五、其他崇拜和禁忌

### 1. 神祇信仰

在近代科学文化昌明兴盛之前，中国人生活在“鬼神”观念制约的社会中。由人创造并制约人的“鬼神”有自然神、社会神、人鬼神三大类层。

自然神。它源于远古人类对自然力量的折服，是人类对自然现象和自然力的神化，也是最早发展起来的神灵偶像。在近代社会，自然神仍是人们主要的崇拜对象。举凡天地、日月、星辰、山川、河流等自然物体，人类均赋予其神灵意义而加以奉祀。

社会神。它既是人类社会进入私有制以后，现实不平等制度在“天国”中的折射，又是人们对“异己”的社会力量恐惧和迷信的结果。这些神是和人们的生活、命运直接有关的，神的主要职能是社会性的，它们或者是整个社会的主宰者，或者是某一社会生活领域的保护主，抑或是掌管人们命运的精灵。它大致可分为：至高神玉皇大帝；掌管祸福、善恶与生活密切相关的命运诸神，如财神、福神、喜神、瘟神等等；还有主管某一社会生活领域的神灵，如药神、木匠神、文昌神等。在生产力低下、科学极端落后的社会中，人们自感无法驾驭社会发展、掌握自己的命运，笃信“死生由命，富贵在天”。

人鬼神。人鬼神崇拜与人类灵魂不灭观念和敬祖意识密不可分，其崇拜偶像是死去的有“功业”的人，是人的不死的“灵魂”。主要有历史人物神，如尧、舜、禹、鲁班等；有修行成仙神，如铁拐李等八仙。

神祇充满社会生活的各个角落，“所谓神在天上如水之在地中，无所不际”。近代中国人的精神生活和日常行为，和古代一样无法摆脱鬼神崇拜的制约。并且，近代“鬼神”观念更多地反照出“社会”生活的具体内容与特征，而且往往同重大的社会问题密切联系。如近代社会鸦片毒害日深，于是，在人们迷信的“地狱”之中也开设了

“烟鬼城”，作为专门惩治“鸦片烟鬼”的处所。凡吸食鸦片者，入得“烟鬼城”，或以烟刑究之，或以恶火灼其肠胃等等，不一而足。

2. 禁忌

禁忌是建立在巫术信仰基础上的十分普遍的民间信仰观念，在民间信仰中，禁忌占有相当重要的地位。它是人们出于敬畏的心理而导致对自身行为的限制，在社会风俗中表现得非常宽泛，往往通过口耳相传和行为示范，成为普遍尊奉的习俗惯例，从这个意义上说，禁忌是民间风俗中表现得最为普遍的文化现象。清代社会迷信风习万千，禁忌现象普遍存在于社会的各个阶层、各种行业之中，禁忌风俗亦发展至相对的高峰。

人体禁忌。是指以人的身体或身体的部分器官，以及与身体密切相连的事物作为禁忌习俗的对象，做出带有强制性的约束或主动性的回避，以达到对自身保护的目的的一种禁忌。

在文明社会，裸露身体在许多场合都是禁忌的。对人体其他部分的禁忌，在清代表现得最激烈的应是对留发的禁忌。满族本有剃发的旧俗，入关以后，清政府屡颁剃发令，并以汉人是否剃发作为顺逆的标志，“留发不留头，留头不留发”。又如缠足，由于满族妇女一向无此陋俗，所以清初统治者屡有禁令，然而民间缠足之风反而愈禁愈烈，无奈之下，康熙朝初只得罢禁令，悉听民便，于是一发不可收拾，连不少旗人妇女也纷纷效仿。清人袁枚在给友人的信札中曾不无感慨地说，今人“每入花丛，不仰观云鬟，先俯察裙下，亦可谓小人之下达者矣”，并愤然斥之为“败俗伤风”。

性别禁忌。是以强调对两性中的某一方进行限制或约束为前提，来满足人们某种风俗信仰的需要的一种禁忌。中国封建社会以男性特权为中心，传统的封建伦理道德观念对妇女充满歧视，对妇女施加各种限制，是中国封建社会性别禁忌的重要内容。《燕京岁时记》记载，京城祭灶禁止妇女参与，另外“（正月）初五之日谓之破五，破五之内不得以生米为炊，妇女不得出门”。同样，南方亦有禁止妇女祭灶的习俗。

饮食禁忌。主要包括饮食对象、饮食习惯和饮食仪规。饮食对象的禁忌主要是避免进食神圣的或不洁的食物。至于饮食习惯，清人认为：“凡遇愤怒或忧郁时，皆不宜食。食之不能消化，易于成病，此人人所当切戒者也”。饮食礼仪禁忌则主要表现在对进食仪规的要求上，“饮宴于异姓，尊长在，揖而后就坐，酒食至，尊长未取，不许受卒事”。饮食禁忌在一定程度上反映了封建礼教思想的影响。

此外，在清代，语言禁忌、称谓禁忌、行业禁忌现象在各行各业都普遍存在着，民间各种岁时活动中，也不免时时伴随着禁忌习俗的影子。